Reinhold Ruthe
Autorität neu entdeckt

Reinhold Ruthe

Autorität neu entdeckt

Ermutigung für Eltern, Erzieher und
Menschen in Führungsverantwortung

Die Deutsche Bibliothek – CIP-Einheitsaufnahme
Ein Titelsatz für diese Publikation ist bei der
Deutschen Bibliothek erhältlich.

© 2002 by Brendow Verlag, D-47443 Moers
Einbandgestaltung: Georg Design, Münster
Titelfoto: Roman Mensing
Satz: Satz & Medien Wieser, Stolberg
ISBN 3-87067-948-4

Inhalt

Vorwort

Das Wort „Autorität" ist der babylonischen Sprachenverwirrung zum Opfer gefallen.

Viele Eltern und Erzieher sind heutzutage verwirrt, die Erziehungskonzepte der vorigen Jahrzehnte haben sie unsicher gemacht.

Aus der patriarchalen Erziehung der Vergangenheit ist eine Laissez-fair-Erziehung geworden. Jede Korrektur wird als autoritärer Machtmissbrauch verstanden. Selbstregulation und Selbstverwirklichung werden groß geschrieben. Es fehlen Regeln, Normen, Werte und Verbindlichkeiten. Viele pädagogische Zeitschriften füllen die Regale in Buchhandlungen, Supermärkten und Bahnhofskiosken.

Und doch sind viele Eltern und Erzieher orientierungslos. In einer pluralistischen Gesellschaft machen die unterschiedlichsten Erziehungskonzepte sie hilflos. Begriffe wie Verantwortung, Vorbild und Leitbild sind fragwürdig geworden. Die Emanzipation wurde und wird als Befreiung von autoritären Herrschaftsstrukturen begriffen.

Die wirkliche Autorität ist aber auf der Strecke geblieben.

Sie hat nichts mit Gewalt, Macht oder Manipulation zu tun. Wirkliche Autorität will nicht entmündigen und entmachten. Sie will nicht klein halten und demütigen und auch nicht über die Köpfe hinweg bestimmen und den Ton angeben.

Wirkliche Autorität beinhaltet Vertrauen. Kinder vertrauen ihren Eltern. Und die Erwachsenen nutzen ihre Überlegenheit nicht aus.

Wirkliche Autorität beinhaltet:

- Kinder trauen ihren Eltern. Und die Erzieher übervorteilen nicht.
- Erzieher stärken das Selbstwertgefühl und untergraben es nicht.
- Erzieher überzeugen und überreden nicht.
- Eltern tragen Verantwortung und missbrauchen sie nicht.
- Erzieher denken und handeln gleichwertig und nicht überheblich.

Immer wird Autorität freiwillig anerkannt. Sie wird nicht übergestülpt oder verordnet. Wirkliche Autorität gründet auf der Wahrheit. Für die Kirche der Reformation gab es nur die Autorität der Heiligen Schrift. Das gilt für unsere Kirche bis heute.

Autorität ist wieder gefragt. Was sie beinhaltet und welche Rolle sie in der Erziehung und im zwischenmenschlichen Zusammenleben spielt, wird auf den kommenden Seiten behandelt.

Kapitel 1

Was beinhaltet der Begriff Autorität?

Das Wort „Autorität" ist nach dem Zweiten Weltkrieg in ein Begriffschaos geraten. Die Studentenbewegung in den 60er Jahren und die Außerparlamentarische Opposition (APO) haben der Autorität als Begriff übel mitgespielt. Autoritäre Verhaltensmuster, Macht, Gewaltmissbrauch und Manipulation wurden mit dem ehrbaren Begriff der Autorität in einen Sack gesteckt und auf den Müll der Geschichte gekippt. Die Autorität wurde zu Unrecht diskriminiert und als Begriff diffamiert.

Das geht so weit, dass heute ein Durchschnittsabiturient nicht in der Lage ist, das wichtige Eigenschaftswort von Autorität zu benennen. Wenn ich vor Kindergarteneltern, in Gemeindeveranstaltungen und auf Fortbildungsseminaren über Erziehungsprobleme spreche und wir die Begriffe Autorität und autoritative Einstellungsmuster definieren wollen, gibt es regelmäßig heiße Diskussionen, und die Teilnehmer geraten aneinander. Die 60er Jahre haben ihre Spuren hinterlassen.

Wahre Autorität ist *unbekannt*.

Wahre Autorität wirft *Fragen,* aber keine Antworten auf.

Wahre Autorität muss *neu definiert* werden.

Auf Vorträgen und Seminaren erlebe ich häufig eine böse Überraschung. Bei Themen über Erziehung, Strafe und Belohnung, bei Fragen über „erlaubte und unerlaubte" pädagogische Methoden kommen wir immer wieder auf autoritäre Erziehungsmuster zu sprechen. Ich versuche genau zu unterscheiden zwischen autoritären Mustern und Verhaltensstrategien, die auf *echter* Autorität beruhen. Ich frage nach dem Eigenschaftswort von Autorität und erhalte in der Regel die falsche Antwort *autoritär*.

Es ist einige Jahre her. Ich besuchte die große städtische Bibliothek und lieh mir Erziehungsbücher aus. Mit einem Packen Bücher unter dem Arm stand ich in der Reihe von Kunden, die alle Bücher ausgeliehen hatten.

Als ich an der Reihe war und ein Exemplar zur Registrierung auf den Tisch legte, schaute eine junge Dame interessiert an mir vorbei auf meine ausgesuchten Titel. Fragend und lächelnd sagte sie: „Sieh mal da. Alles Erziehung. Ist das denn noch *in*?"

Ich fragte zurück: „Halten Sie denn Erziehung nicht mehr für notwendig?"

Sie sagte etwas schnippisch: „Ich halte alles Autoritäre für überflüssig."

Ich fragte: „Und die Autorität, was halten Sie davon?"

Sie sagte: „Ich sehe zwischen den beiden keinen Unterschied, Sie etwa?"

Die junge Dame bemerkte mein Erstaunen und ich reagierte so: „Darf ich Sie fragen, wie heißt denn das Eigenschaftswort von Autorität?"

Spontan kam es von ihr: „Autoritär."

Und ich entgegnete: „Leider stimmt das nicht. Das Eigenschaftswort von Autorität heißt *autoritativ*."

Die junge Dame zog die Stirn kraus und schüttelte ihren Kopf.

Als wir hinausgingen, fragte ich sie nach ihrem Beruf, und sie sagte: „Ich studiere Soziologie im 5. Semester."

Das ist kein Einzelfall. Aus Neugier stelle ich heute gern die Frage nach dem Eigenschaftswort von Autorität vor jungen Erwachsenen und älteren Menschen. Das Ergebnis ist häufig das gleiche. Sie glauben, dass das richtige Eigenschaftswort von Autorität *autoritär* lautet. Es unterliegt keinem Zweifel, die antiautoritäre Bewegung, die in den 60er Jahren begann, hat den positiven Begriff von Autorität zum Verschwinden gebracht. Ist es ein Wunder, wenn unsere Erziehung bei vielen orientierungslos verläuft?

Die Autorität der Alten

Das Wort „Autorität" stammt aus der römischen Antike. Ihre Kultur lebte aus der Überlieferung. Die Alten mit ihrem Brauchtum, ihrer Sitte und ihrem Ethos bestimmten den Alltag. Der Träger der Autorität war in erster Linie der Senat. Er bestand vorwiegend aus Männern über 60 Jahren. Sie hatten weithin ein vorbildliches Leben hinter sich und wurden zu Garanten der Zukunft. Sie hatten sich bewährt und wurden daher geachtet. Alte, die sich nicht bewährten, und Versager konnten abgewählt werden. Der Senat, der Rat der Alten, nahm zu allen Fragen Stellung und gab nach eingehender Diskussion seine Stellungnahme ab. Sie wurde nicht mit Polizeigewalt durchgesetzt. Es waren in erster Linie Ratschläge und keine Befehle, Empfehlungen und keine strikten Anordnungen.

Dieser Senat besaß Autorität, nicht weil ihm die Befehlsgewalt gegeben war, sondern weil man den alten, den besonnenen und bewährten Männern vertraute, ihre Entscheidung achtete und ihre Ratschläge akzeptierte.

Die Autorität der Alten musste durch Leistung nachgewiesen werden. Wer Erfolg mit militärischen oder politischen Unternehmungen hatte, besaß Autorität. Im Gerichtswesen war es ähnlich. Wer sachverständig, aber auch geschickt und erfolgreich das römische Recht anwenden konnte, besaß Autorität, besaß das Vertrauen einer Mehrheit. Er wurde häufiger frequentiert als andere.

Dass dieses Modell echter Autorität idealtypisch geschildert ist, liegt auf der Hand. Aber es war ein Modell von Autorität, das man gutheißen konnte und kann. Es war ein Modell, das die entscheidenden Züge positiver Autorität widerspiegelt, die auch heute noch gelten. Ein *Befehl* muss ausgeführt werden, er wendet sich an Untertanen und willig Gehorchende. Ein *Rat* will die Entscheidungsfreiheit nicht schmälern. Ein *Rat* will die Einsicht in die Voraussetzungen, Möglichkeiten und Folgen der Entscheidung fördern. Die Alten, also der Senat, besaßen „auctoritas" = Autorität, ohne auf Macht und Gewalt angewiesen zu sein. Die Bürger Roms unterwarfen sich freiwillig. Sie vertrauten der selbstlosen Überlegung und damit der Überlegenheit der Alten.

Autorität und ihre positiven Aspekte

Zwischen den Extremen *autoritär* und *autoritativ* wurde die positive Autorität zerrieben.

Wirkliche Autorität hat nichts mit einem autoritären Verhalten zu tun. Autorität wird abgeleitet von „auctor" = der Urheber, der Anstifter, der Mahner, der Förderer, das Vorbild. Es ist bezeichnend, dass es lange eine Schreibweise gab, die „Auktorität" bevorzugte.

Das Wort „auctoritas" bedeutet: Vollmacht, Einfluss, Gewicht, Vertrauensmacht.

Der Auktor, der Urheber, ist also derjenige,
– der das Leben mehrt;
– der dem Leben Gewicht verleiht;
– der das Leben bereichert;
– der das Leben fördert;
– der das Denken und Handeln unterstützt;
– der neue Ideen reifen lässt;
– der ein Vorbild für Leben und Verhalten ist.

Wer Autorität besitzt,
– hat innere Überzeugungskraft;
– kann von innen her führen;
– kann Vertrauen schenken.

Autorität hängt mit dem lateinischen „augere" zusammen und meint: fördern, mehren, wachsen lassen, entfalten lassen.

Wer also Autorität besitzt,
– ist ein Förderer, ein Mehrer;
– ist ein Entfalter, ist Entwicklungshelfer im besten Sinne des Wortes.

Der Autoritätsbegriff hat zahlreiche Beziehungen zu anderen Begriffen wie: Vorbild, Ansehen, Achtung, Respekt, Ehrfurcht und Vollmacht. In den Erziehungs- und Sozialwissenschaften besteht Einigkeit darüber, dass Autorität nicht in erster Linie eine Eigenschaft von Personen ist, sondern die Qualität einer *sozialen Beziehung* beinhaltet. Autorität wird den Personen zugeschrieben, die einen Einfluss oder einen Führungsanspruch geltend machen, der als berechtigt von anderen Menschen anerkannt wird.

Die so genannten *Autoritätsabhängigen* verpflichten sich freiwillig, ohne Strafandrohung, aufgrund von Vertrauen und Treue zu gehorchen. Diese Autoritätsabhängigen werden aber auch den Gehorsam verweigern, wenn die Autoritätsinhaber ihre Kompetenz überschreiten. Autoritätsabhängige Menschen schenken der Autoritätsperson Respekt, solange sie

– durch Beispiel,
– durch Vorbild,
– durch Kompetenz,
– durch rationalen Diskurs und
– durch partnerschaftliche Kommunikation

das Vertrauen des abhängigen Menschen gewinnen.

Die Überredung, die Manipulation und die Suggestion werden als autoritäre Verhaltens- und Einstellungsmuster abgelehnt.

Wer besitzt Autorität?

In der Philosophie wird die Frage gestellt: „Zu welcher Kategorie gehört eigentlich der Begriff *Autorität*?" Kategorien gibt es grundsätzlich drei: *Dinge*, *Eigenschaften* und *Beziehungen*.

Ein Schuh ist ein Ding, auch eine Person ist ein Ding. Aber ihnen haften Eigenschaften an. Wir können sagen:

„Der Vater ist unwahrscheinlich *stark*."
„Die Mutter ist sehr *liebesfähig*."
„Das Kind ist *gehorsam*."
„Der Lehrer ist sehr *streng*."

Man kann also die Autorität als Ding und als Eigenschaft definieren. Viele Eigenschaften deuten aber auch eine Beziehung an. Alle vier genannten Aussagen über Vater und Mutter, das Kind und den Lehrer beinhalten auch eine Beziehungsebene. Denn der starke Vater ist gegenüber Kindern, Ehepartnern und anderen Männern stark. Die liebenswürdige Mutter gilt in Beziehungen zu anderen Menschen als liebenswürdig. Auch das Kind spiegelt Gehorsam gegenüber anderen Personen wider. Der strenge Lehrer spiegelt eine klar umrissene Eigenschaft wider und drückt gleichzeitig in Beziehungen eine bestimmte Haltung aus.

Genauso ergeht es dem Wort „Autorität". Wie wir es auch benutzen: Es spiegelt eine Eigenschaft und eine Beziehung wider.

Ein Lehrer kann Autorität besitzen,
... weil er sich durchsetzt;
... weil die Schüler auf ihn hören;
... weil die Schüler ihn respektieren;
... weil er für Disziplin und Ordnung sorgt.

Und ein Lehrer kann Autorität besitzen,
... weil er etwas zu sagen hat;
... weil er etwas zu vermitteln hat;
... weil sein Wissen imponiert.

Es macht deutlich, dass verschiedene Menschen unterschiedliche Autorität besitzen.

Der *Mathematiklehrer* ist eine Autorität auf dem Gebiet der *Mathematik.*

Der *Englischlehrer* ist eine Autorität auf dem Gebiet der *englischen Sprache.*

Der *Musiklehrer* ist eine Autorität auf dem Gebiet der *Musik.*

Die Fachleute sprechen auch von „epistemischer Autorität"
(gr. episteme = Wissen) und von „deontischer Autorität"
(gr. deomai = ich soll). Die *Wissens-Autorität* besteht also
in der Vermittlung von Wissen. Die *Vorgesetzten-Autorität*
besteht in der Vermittlung von Weisungen, Richtlinien,
unter Umständen von Befehlen.

Die Autorität der Wissenden ist die Autorität
– des Lehrers,
– des Sachverständigen,
– des Fachmanns,
– des Kenners.

Die Autorität des Vorgesetzten ist die Autorität
– des Chefs,
– des Leiters,
– des Übergeordneten,
– des Kommandeurs.

Auch das ist möglich, dass Wissende und Vorgesetzte in einer
Person handeln. Hilfreich ist es, wenn Menschen mit Wissens-Autorität gleichzeitig eine überzeugende Weisungs-
befugnis beherrschen. Nicht das eine wird gegen das andere
ausgespielt. Aber es muss klar sein: Menschen mit Weisungs-
befugnis sind noch lange keine Wissens-Autoritäten. Die Tragik besteht darin, dass sich immer wieder Menschen mit
Weisungsbefugnissen, Menschen mit Vorgesetzten-Autorität,
sich Wissens-Autorität anmaßen und ihre Grenzen überschreiten.

Über 20 Jahre habe ich Beratung und Seelsorge praktiziert.
Für viele Ratsuchende war ich die Wissens-Autorität. Aber
mit Händen und Füßen habe ich mich gewehrt, in die Rolle

der Vorgesetzten-Autorität hineinzurutschen. Im Prinzip gebe ich keine Weisungen, keine Ratschläge, keine Anordnungen. Wenn Seelsorger und Therapeuten diese Sach-Autorität nicht von der Vorgesetzten-Autorität unterscheiden, geraten sie unter der Hand in eine verführerische Rolle. Dem Missbrauch sind Tor und Tür geöffnet.

Begründete oder angemaßte Autorität

Die *begründete* Autorität beinhaltet:
- Dieser Mensch ist ein Fachmann auf seinem Gebiet.
- Dieser Mensch, beispielsweise ein Arzt, hat Medizin studiert. Er hat Titel und Diplome erworben. Er lebt eine begründete Autorität auf seinem Gebiet.

So gibt es unzählige Menschen, die jeweils auf ihrem anerkannten Gebiet eine *begründete* Autorität darstellen.

Die *angemaßte* Autorität beinhaltet:
- Ein Mensch beansprucht eine Autorität – auf welchem Gebiet auch immer –, die nicht begründet ist.
- Ein Mensch behauptet etwas, ohne darüber ein begründetes Wissen zu haben.

Menschen maßen sich Titel, Wissen und Urteile an, die schlicht und einfach unbegründet sind.
In der Welt gibt es unzählige Pseudo-Autoritäten, die anderen Menschen ihr angemaßtes Urteil überstülpen. Immer wieder gibt es Menschen, die sich so gut verkaufen, die sich so geschickt darstellen, dass ihre angemaßte Autorität von anderen als begründet und richtig empfunden wird. Keine Frage, dass viele Menschen verführt, manipuliert, betrogen

und von Pseudo-Autoritäten geknechtet werden. Zu allen Zeiten hat es in der Weltgeschichte Menschen gegeben, die mit angemaßter Autorität kleine Gruppen und Völker unterjocht haben.

Eine Gefahr, solchen Pseudo-Autoritäten aufzusitzen, ist die *Gewohnheit*. Wir haben uns daran gewöhnt, dass der Vater, der Lehrer, der Pfarrer für uns auf einem Gebiet eine vertrauenswürdige Autorität darstellen, und wir vertrauen ihnen jetzt auch auf anderen Gebieten. Die Autorität wird missbraucht. Die Verführung geht von beiden Parteien aus. Der Verführte hat dem Verführer – unter Umständen blindlings – Vertrauen geschenkt, der Verführer fühlt sich bestätigt und ermutigt, seine Autorität – auf welchem Gebiet auch immer – zu missbrauchen.

Ein trauriges und trostloses Kapitel ist der sexuelle Missbrauch. Kleine Kinder vertrauen ihren Eltern häufig blindlings. Es sind die liebsten Personen ihrer Umgebung. Was sie tun und entscheiden, können sie nur akzeptieren und geraten in eine gefährliche Abhängigkeit. Die Autorität ist schamlos ausgenutzt worden. Dieser Missbrauch der Autorität kann im späteren Leben zu schweren seelischen und körperlichen Schäden führen. Diese Menschen leiden an Identitätsstörungen, an Selbstwertproblemen und nicht zuletzt an schweren Beziehungsschwierigkeiten.

„Der autoritäre Charakter" – das Milgram-Experiment

1936 veröffentlichte eine aus Deutschland emigrierte Gruppe von Wissenschaftlern aus dem Frankfurter Institut für Sozialforschung einige Bände über „Autorität und Familie". Zu den Wissenschaftlern zählten Theodor W. Adorno, Max Horkheimer, Erich Fromm, Herbert Marcuse und Hans

Mayer. Die Autoren beschreiben das Problem der Autorität, die in der Familie durch Unterwerfung unter den Vater gelernt wird. Das Kind ist machtlos und muss sich der Herrschaft des Vaters unterwerfen. Erich Fromm spricht von „autoritär-masochistischem Charakter", der entsteht, weil das Kind sich mit der starken Autorität identifiziert, diese Person liebt und die eigene Unterdrückung ohne Rebellion erduldet.

Theodor W. Adorno spricht vom „autoritären Charakter", der sich den Werten, Normen und der anonymen Autorität des „Man" unterwirft. Die Autoritäten werden idealisiert, ihr Verhalten wird unkritisch akzeptiert. Er spricht auch von „aggressiver Autorität", die sich darin äußert, dass überall Menschen aufgespürt werden, die bestimmte Werte verletzten, die dann verurteilt und bestraft werden. Viele identifizieren sich mit Macht und Stärke, mit starken Führern und mit Angst vor der eigenen Schwäche. Schwäche und Menschlichkeit werden von ihnen lächerlich gemacht. Die Autoren sprechen vom „Faschismus-Syndrom", wobei Antisemitismus, Fremdenfeindlichkeit und politischer Konservatismus die Persönlichkeit bestimmten. Die Wissenschaftler waren vor Hitler geflohen und warnten eindringlich mit ihren Untersuchungen vor dem autoritären Machttyp in Familie und Gesellschaft.

Anfang der 70er Jahre testete der Amerikaner Milgram tausend repräsentativ ausgesuchte Versuchspersonen, denen er vier Dollar pro Stunde anbot, um angeblich Gedächtnisleistungen in seinem Institut zu erforschen. Dort trafen die Versuchspersonen auf die Versuchsleiter und eine weitere, angebliche Versuchsperson, die aber in Wirklichkeit zum Institut gehörte. Der Versuchsleiter erklärte beiden, dass einer von ihnen als „Lehrer" dem anderen, dem „Schüler", Wortpaare nennen sollte. Diese Wortpaare hatte der „Schüler"

immer zu wiederholen. Bei jedem Fehler habe der „Lehrer"
den „Schüler" mit einem Elektroschock zu strafen. Der Elektroschock beginne bei 15 Volt und solle bei jedem Fehler um
weitere 15 Volt gesteigert werden. Bei der Auslosung der
Rolle „Schüler" und „Lehrer" wusste es der Versuchsleiter
so einzurichten, dass immer Institutsangehörige als „Schüler" fungierten. Der „Lehrer" war – ohne es zu wissen – die
eigentliche Versuchsperson. Untersucht werden sollte, wie
weit er sich bereit fand, sich den Anordnungen einer Autorität (des als Wissenschaftler im weißen Kittel auftretenden
Versuchsleiters) zu unterwerfen. Der „Lehrer", also die Versuchsperson, saß vor einem Schockgenerator mit 30 Schal-
tern, der Voltbezeichnungen von 15 bis 450 Volt. Zusätzlich
stand noch über den Voltzahlen:
– leichter Schock,
– mittlerer Schock,
– gefährlicher Schock,
– bedrohlicher Schock.

Die Versuchsperson hatte dem „Schüler" (also einem Angehörigen der Institutsleitung) über Mikrofon die Wortpaare
vorzulesen und bei Fehlern stets größer werdende Schocks
zu erteilen. Für den Fall, dass die Versuchsperson sich wei-
gern würde, Schocks zu verabreichen, war der Versuchsleiter
angewiesen, folgende stereotype Aussagen zu machen: „Bitte, fahren Sie fort, bitte, machen Sie weiter! Das Experiment
erfordert, dass Sie weitermachen. Sie müssen unbedingt weitermachen! Sie haben keine Wahl. Sie müssen weitermachen.
Die Schocks mögen schmerzhaft sein, sie hinterlassen aber
keine bleibende Gewebeschädigung."
Für die „Lehrer", also für die eigentlichen Versuchspersonen, war das eine schreckliche Konfliktsituation. Sie wuss-
ten ja nicht, dass die Opfer bzw. die „Schüler" als Instituts-

angehörige lediglich die Opfer spielten. Bei höheren Volt-stößen schrien sie. Der eine simulierte Herzschmerzen und schrie, die Versuche zu beenden.

Das Milgram-Experiment verdeutlicht, wie anfällig der Mensch ist, auf Anordnung und Befehle, die von so genann-ten „Autoritätspersonen" gegeben werden, artig und gehor-sam zu reagieren. Viele Versuchspersonen waren bereit, ge-fährliche und lebensbedrohliche Stromstöße einzuleiten, nur um ein so genanntes „wissenschaftliches Experiment" nicht zu gefährden. Wie fragwürdig muss unsere Erziehung sein, dass selbst im angeblich freiesten Land der Welt, in Amerika, eine solche Untertangesinnung möglich ist. Der unbedingte Gehorsam, der von Menschen verlangt wird, ist immer frag-würdig.

Anarchismus und Totalitarismus

Was sind *Anarchisten*? Menschen, die der Autorität trotzen. Es handelt sich um Menschen, die jegliche Vorgesetzten-Au-torität ablehnen. Sie wollen sich nicht bestimmen lassen. Sie lassen Druck und Zwang nicht gelten. Sie lehnen Führung ab.

Der Anarchist weiß, dass es Autoritäten gibt, aber er will, dass es keine geben soll. Radikale Anarchisten lehnen sogar die so genannte „Solidaritäts-Autorität" ab. Sie beinhaltet, dass ein Kapitän eines Schiffes beispielsweise, der mit seiner Mannschaft in Seenot geraten ist oder andere Schwierigkei-ten erlebt, Befehle erteilt, die alle Besatzungsmitglieder ak-zeptieren, um ein Chaos zu vermeiden. Für sie ist jede Auto-rität ein Zwang. Und jede Form von Zwang, wie er subjektiv erlebt wird, kann von diesen Menschen nicht bejaht werden. Bei Licht besehen ist radikaler Anarchismus überhaupt nicht durchführbar. Gott sei Dank ist es um diese Menschen in der westlichen Welt auch relativ still geworden. Anarchismus ist eine ideale Vorstellung, die aus logischen Gründen meistens nicht durchführbar ist.

Der *Totalitarismus* ist allerdings eine lebbare Form. Wir haben ihn unter Hitler erlebt. Eine totalitäre Gesellschaft ist denkbar. Von den meisten Menschen wird sie verworfen, und zwar aus logischen und moralischen Gründen. Eine solche Gesellschaft ist dem Menschen unwürdig. Freiheit und weitgehende Selbstbestimmung sind erstrebenswerte Ziele für den Menschen. Und doch haben es immer wieder Diktatoren verstanden, sich an die Macht zu bringen, und haben ihre Untertanen gefügig gemacht. Doch der Totalitarismus hat keine Zukunft. Die Zwangssysteme zerfallen, spätestens nach einigen Jahrzehnten.

Was beinhaltet autoritäres Verhalten?

Machtausübung in Form
– von Befehlen,
– von Anordnungen,
– von Verboten,
– von Verwarnungen.

Autoritäres Erziehen und Führen beinhalten:
– Manipulation,
– grundloses Bestimmen,
– Erpressung,
– unpartnerschaftliche Einflussnahme,
– Durchsetzung ohne Erklärungen,
– Abhängigmachen von Mitarbeitern,
– Druck ausüben,

- Einschüchterung,
- Monologe führen,
- Beeinflussung durch Macht und Überlegenheit,
- geringe Respektierung des Selbstwertgefühls anderer,
- Herabsetzung der Leistung,
- häufige Kritik,
- Betonung der hierarchischen Rangordnung,
- fehlendes Mitspracherecht,
- Einschränkung der Handlungsfreiheit.

Die Folgen:
- Widerstand der Kinder und Mitarbeiter,
- eine gespannte Atmosphäre,
- Konflikte untereinander,
- Suche nach „Sündenböcken".

Was beinhaltet Autorität?

Autorität ist abgeleitet von „auctoritas" =
- Vertrauensmacht,
- von innen her führen,
- Überzeugungskraft,
- von innen her raten können.

Autorität hängt auch mit dem lateinischen Wort „augere" zusammen, heißt:
- mehren,
- wachsen lassen,
- fördern,
- entfalten lassen.

Wer Autorität besitzt,
... ist ein Förderer,
... ist ein Mehrer,
... ist ein Entwicklungshelfer.

Wer autoritativ erzieht oder führt,
... vermittelt Sicherheit,
... stellt keine Bedrohung dar,
... behandelt Mitarbeiter gleichwertig,
... muss sich nicht auf Macht berufen,
... verstößt nicht gegen die Würde des Menschen,
... übt keine herabsetzende Kritik,
... bietet ein Recht auf Mitsprache an,
... berücksichtigt das Fühlen und Denken anderer,
... fördert die Selbstständigkeit,
... unterstützt die Initiativfreude,
... praktiziert ein freundschaftliches Klima,
... kann das Selbstwertgefühl stärken,
... praktiziert keine Einschüchterung,
... kann Kompromisse schließen,
... trifft Entscheidungen *mit* andern.

Ein Selbsterforschungsfragebogen

	stimmt nicht	stimmt etwas	stimmt voll
In Gesprächen und Beziehungen setze ich mich durch.			
Es gelingt mir, meine Gesprächspartner zu überzeugen.			
In der Erziehung wende ich Druck an.			
Ich halte kompromisslos an überlieferten Werten fest.			
Ich bin überzeugt, dass Vergehen bestraft werden müssen.			
Ich neige zu kompromisslosem Denken und Handeln.			
Ich bevorzuge in der Erziehung die Anordnung und nicht die Diskussion.			
Ich entdecke bei mir keine Schwierigkeiten mit Unfreundlichkeit und Aggressivität.			
Ich setze meine Vorstellungen von Ordnung im Kinderzimmer durch.			
Ich befleißige mich einer nicht-konstruktiven Kritik.			
Ich gebe viel Zurechtweisung und mache Vorwürfe.			
Ich stelle mich wenig auf die Bedürfnisse meiner Kinder ein.			
Ich lege Wert auf augenblicklichen Gehorsam.			

	stimmt nicht	stimmt etwas	stimmt voll
Ich lege Wert auf augenblicklichen Gehorsam.			
Ich möchte allein durch Glaubwürdigkeit erziehen.			
Ich möchte durch vorbildhaftes Verhalten meinen Einfluss geltend machen.			
Ich möchte druckfrei mein Gegenüber fördern.			
Ich greife ungern in Spielabläufe der Kinder ein.			
Ich halte mich mit Kontrollen meiner Kinder zurück.			
Ich respektiere die Bedürfnisse und Wünsche meiner Kinder.			
Ich beherrsche mich, Unlustgefühle Kindern und anderen entgegenzuschleudern.			
Ich bevorzuge ein freundschaftliches Verhältnis zu meinen Kindern.			
Ich verzichte im Umgang mit anderen auf Macht.			
Ich kann mich auf seelische Bedürfnisse anderer einstellen.			
Ich verzichte in der Erziehung auf Belohnungen.			
Ich verzichte in der Erziehung auf harte Strafen.			
Ich muss nicht der Überlegene sein.			

Hinweise für den Fragebogen

1. Füllen Sie ohne langes Überlegen den Fragebogen aus! Seien Sie ehrlich zu sich selbst!

2. Je mehr Sie bis zur 13. Frage „stimmt voll" bzw. „stimmt etwas" angekreuzt haben, desto eher neigen Sie – vermutlich – zu autoritärem Verhalten.

3. Je mehr Sie ab Frage 13 „stimmt voll" bzw. „stimmt etwas" angekreuzt haben, desto demokratischer bzw. autoritativer gehen Sie mit anderen Menschen um.

4. Wenn Sie über Ihr eigenes Verhalten unsicher sind, lassen Sie den Bogen von Ihrem Partner bzw. von einem guten Freund (einer guten Freundin) ausfüllen.

5. Wenn Sie autoritäre Züge in Ihrem Denken und Verhalten erkennen, was wollen Sie in Arbeit nehmen, was wollen Sie ändern?

Familienharmonie

Ein Selbsterforschungsfragebogen

Wann ist die Harmonie gegeben? Wann ist sie nicht gegeben? Zwei Eigenschaften sind notwendig, um die Anpassungsfähigkeit in einer Familie zu gewährleisten:
Eigenschaft 1: Eine intakte Familie kann planen und gemeinsam Pläne und Ideen verwirklichen.
Eigenschaft 2: Eine intakte Familie kann aufkommende Schwierigkeiten austragen und meistern.

29

Familienstruktur und Anpassungsfähigkeit:

Führung:	autoritär	1 2 3 4 5 6	schwach
Disziplin:	streng	1 2 3 4 5 6	nachgiebig
Aussprache-fähigkeit:	begrenzt	1 2 3 4 5 6	unbegrenzt
Organisation:	überorganisiert	1 2 3 4 5 6	unorganisiert
Werte:	starr	1 2 3 4 5 6	veränderlich
Atmosphäre:	angenehm	1 2 3 4 5 6	bedrückend
Beziehungs-fähigkeit:	gut	1 2 3 4 5 6	schlecht
Freizeit-gestaltung:	abgestimmt	1 2 3 4 5 6	jeder plant für sich

Harmonie und Zufriedenheit in der Familie sind Grundpfeiler für gesundes Wachstum und fruchtbare Kommunikation aller Mitglieder.
Neun Faktoren spiegeln die intakte Familie wider. Welche Faktoren sind es, die kleine oder große Reibungen im Zusammenleben hervorrufen?

Hinweise für die Selbsterforschung

1. Die Zahlen bedeuten: 1 = sehr stark; 6 = sehr schwach.

2. Vater und Mutter füllen getrennt die Fragen aus und unterhalten sich *vorher*, ob sie die Begriffe übereinstimmend interpretieren.

3. Anschließend diskutieren beide über ihr Ergebnis. Sie streiten nicht, sondern akzeptieren die Antworten des Part-

ners. „Wenn du es so erlebst, will ich es hören. Lass uns jedoch über einen gemeinsamen Kompromiss reden."

4. An welchen Punkten gehen die Eltern am weitesten auseinander? Was bedeutet das für die Harmonie in der Familie? Wie definieren beide konkret ihre Probleme?

5. Sind beide bereit, mit ihren Kindern die Schwachpunkte zu besprechen und zu bearbeiten?

6. Welche Aspekte machen Vater und Mutter am meisten zu schaffen? Sind es familiäre Probleme oder Eheprobleme?

7. Wenn die Familienharmonie leidet: Sind Sie bereit, Ehe- oder Familienberatung in Anspruch zu nehmen?

Kapitel 2

Die Entwicklung der antiautoritären Bewegung

Wir gehen zurück in die 60er Jahre, wo sich besonders in Berlin eine antiautoritäre Bewegung etablierte.

Ein kurzer Rückblick:

Die Entwicklung der antiautoritären Bewegung in der Bundesrepublik, die Entwicklung der Kinderladenbewegung, ging von Berlin aus. Berlin wurde nach den Vereinbarungen der alliierten Siegermächte in den Jahren 1944 und 1945 mehr und mehr in die politischen Organisationen der BRD integriert. Berlin wurde zum „Schaufenster der freien westlichen Welt" erklärt und erhielt nach und nach eine Brückenkopffunktion gegen den Kommunismus. Linke Kritik und linke Argumente wurden lauter als zum Schweigen gebracht. Aber gerade in der Stadt, wo offenkundig prowestlich argumentiert wurde, wo fast unüberwindliche Vorurteilsbarrieren das politische Leben beeinflussten, fragten kritische Studenten nach dem wirklichen Sachverhalt über das verteufelte kommunistische System. Die Brückenkopfpolitik westdeutscher Großunternehmen, die Demonstration westlichen Wohlstandes und die dauernde Beschwörung kommunistischer Bedrohung verloren mehr und mehr an Überzeugungskraft und provozierten zu studentischen Protesten, die immer massiver und gezielter durchgeführt wurden.

Die Ablehnung politischer Beschlüsse der studentischen Selbstverwaltung Anfang 1959 und in den folgenden Jahren durch den Rektor der Freien Universität und durch den akademischen Senat – einmal ging es um eine Petition an den Bundestag, NS-Richter und Staatsanwälte aus dem Staatsdienst zu entlassen, und das andere Mal um Solidaritätserklärungen für algerische Flüchtlinge und Studenten – riefen bei den politisch engagierten Studenten Widerstand hervor. Es folgten Vorlesungsstreiks, politische Podiumsdiskussionen, ein Bombenanschlag gegen eine Vietnam-Diskussion, Demonstrationen gegen Amerikas Vietnam-Politik und Farbeieranschläge auf das Amerika-Haus. Die Presse heizte die Atmosphäre an. Die Gegner zeigten deutlich ihr Gesicht, es kam wiederholt zu Demonstrationen und Prügelszenen. Der akademische Senat beschloss schließlich, keine politischen Veranstaltungen in den Räumen der Universität zu dulden.

Der Besuch des amerikanischen Vize-Präsidenten Humphrey im April 1967 endete mit Demonstrationen und Rauchbomben der Linken, wobei einige Mitglieder der Kommune I verhaftet wurden.

Einige Monate später fand der Besuch des persischen Schahs in der Bundesrepublik und Berlin statt. Große Demonstrationen wurden durchgeführt, es kam zu heftigen Auseinandersetzungen zwischen Polizei und Demonstranten. Der Student Benno Ohnesorg wurde dabei von der Polizei erschossen. Dieser Märtyrer der politischen Linken entfachte die Studentenbewegung zu neuem Kampf und gezielten, groß angelegten Protestdemonstrationen. Knapp ein Jahr später fand dann der Vietnam-Kongress statt, der Studenten und Jugendgruppen aus vielen europäischen Ländern in Berlin vereinigte.

Dieser Kongress kann als die Geburtsstunde der antiautoritären Bewegung angesehen werden. Im Auditorium Maximum der Technischen Universität trafen sich Tausende junger Leute. Ein revolutionäres Pathos riss die Versammelten mit. Es fanden geplante Demonstrationen und Solidarisierungsmärsche statt. Die radikalen Minderheiten hatten sich gefunden und erarbeiteten revolutionäre Programme.

Am Rande der großen Ereignisse spielten im Garderobenraum der Universität über 40 APO-Kinder. Die Frauen wollten nicht nur Zaungäste sein und organisierten während des Kongresses einen Kindergarten. Ebenfalls am Rande des Kongresses legten Mitglieder der „Kommune II" ihr Modell einer antiautoritären Erziehung vor. Die Grundlage dieses Modells ist bezeichnend. Es handelt sich um das von Wera Schmidt in den 20er Jahren in Moskau geleitete Kinderheim-Laboratorium auf psycho-analytischer Grundlage. Die Erfahrungen einer kollektiven und repressionsfreien, druckfreien Erziehung werden von den Linken als Vorbild konzipiert.

Erziehung zur Revolution

Für ein funktionierendes Kinderkollektiv war nach Meinung vieler Linker ein Elternkollektiv, das auf Kommune-Ebene zusammenlebt, erforderlich. Denn nur in der Familie würden ja die spezifische Art der Triebunterdrückung, die Konkurrenzhaltung von frühester Kindheit an und die Vereinzelung des Individuums gefördert und im Herzen und Leben der Kinder verwurzelt. Die Kommunen sollten aber nach Meinung der Linken *nicht nur* die seelischen Verklemmungen von Kindern lösen, sondern die politische Entwicklung und das politische Engagement fördern. Die gemeinsame politische Arbeit war das Hauptziel der Linken. Denn politische Apathie wirke sich entmutigend auf die Absicht aus, die Kinder gegenüber den Einflüssen und Wünschen der kapitalistischen Gesellschaftsordnung widerstandsfähig zu machen.

Viele brachen das Studium ab und arbeiteten in Arbeiterbezirken, in Betriebskinderläden, andere beabsichtigten später, als sozialistische Lehrer sozialistisches Bewusstsein zu verwirklichen. Die Kinderläden blieben rote, sozialistische Inseln in der kapitalistischen Gesellschaft. In der antiautoritären Phase richtete sich der Kampf gegen Ordinarien und Autoritäten in den Universitäten, um ihre Scheinautorität zu entlarven. Längst aber hatten die Linken erkannt, dass sich angeprangerter Bürokratismus, angeprangerte Disziplin und angeprangerte Schlamperei und Faulheit als Rohrkrepierer erwiesen hatten. Die Linken erkannten, dass jene Antihaltung zerstörerisch wirkte. Man kann sogar sagen, dass mit dem Tode Benno Ohnesorgs Mitte 1968 die antiautoritäre Bewegung ein Ende fand.

Das Kinderladenkonzept wurde fallen gelassen. Man hatte eine antiautoritäre Erziehung gleichsam auf einer Insel realisiert. Die Antiautoritären wurden mit der Erziehung nicht fertig. Orientierungsmöglichkeiten fehlten. Kinder waren nicht in der Lage, ihre Aggressionen zu steuern und sich selbst zu regulieren. Die Kinder lieferten sich dem Chaos aus. Sie wurden immer aggressiver. Die Linken mussten nun lernen, dass eine Laisser-faire-Erziehung (eine völlig repressionsfreie, führungsfreie, orientierungslose und schleifen lassende Erziehung) Tyrannen schafft. Sie begriffen, dass die Kinder realitätstüchtig und widerstandsfähig, autonom und selbstkritisch werden sollten.

Es geschah ein radikales Umdenken. Wer revolutionäre Berufspraxis bejahte, konnte nicht mehr im bürgerlichen Beruf bleiben. Es bildeten sich mehr und mehr rote Zellen, Basisgruppen und Stadtteilgruppen, die sich zusammenschlossen. Die Betriebe wurden wiederum als Ausgangspunkt der Arbeit anvisiert. Die Pädagogische Hochschule wurde von vielen Studenten unterwandert. Man argumentierte auf Seiten der Linken, dass eine straffe Organisation zum Aufstand der Massen gehörte. Sie versuchten, den Arbeiter zum Kämpfer zu erziehen, den Arbeiter zu verstehen, ohne sich verproletarisieren zu lassen. Die Politisierung der Eltern wurde angestrebt. Ihre Ziele, eine proletarische Erziehung zu garantieren, formulierten sie selber so:

„Sie alle erziehen einen Menschen, der fähig sein wird, in einer sozialistischen Gesellschaft den Sozialismus zu praktizieren. Sie alle haben nur ein Ziel, den Aufstand der Massen, die proletarische Revolution."

Im Rahmen der antiautoritären Studentenbewegung wurden die Kommunen als kollektive Lebensform mit politischem Programm gegründet. Die Kommune wurde definiert als Wohn- und Lebensgemeinschaft von mehr als zwei Erwachsenen verschiedenen Geschlechts mit dem Ziel, eine sozialistisch orientierte Lebensgemeinschaft zu installieren. Sie wurde als Modell der Zukunft und als Gesellschaftsform von morgen verstanden.

Die Antihaltung der Kommunen war destruktiv

Sie manövrierten sich selbst ins Aus und fanden sich unversehens als introvertierte, esoterische, von der bürgerlichen Außenwelt abgeschlossene Gruppe wieder. Ihrer maßlosen Kritik an jeglicher Autorität entsprach auf der anderen Seite ein kritikloses Autoritätsvertrauen. Namen wie Freud, Reich,

Ho Tschi Minh und andere wurden enthusiastisch gefeiert. Bestimmte Forschungsergebnisse der beiden Erstgenannten wurden gläubig übernommen und als Heilswahrheiten verkündigt. Ihr Kampf gegen Machtvorstellungen hatte neue Machtvorstellungen heraufbeschworen. Sie waren terroristisch nach innen und terroristisch nach außen. Was sie an Druck in der Gesellschaft ablehnten, praktizierten sie selbst in den eigenen Reihen. Das Kollektiv, in dem sie lebten, gab sich eine neue zwanghafte Gruppenstruktur und majorisierte seine Mitglieder mit kategorischen Forderungen. Der Terror nach innen wurde auch in der gruppenanalytisch durchgeführten Selbsterfahrung deutlich. Jeder wurde gezwungen, an den Gruppensitzungen teilzunehmen. Intellektueller Zwang wurde ausgeübt. Träume wurden nach dem Leidensprinzip erzählt. Das Kollektiv wurde zum Auge des „großen Bruders". Insgesamt: Die Kommunen sind in der Tat an sich selbst gescheitert. Kollektives Leben und lustbetontes politisches Arbeiten schlugen fehl.

Der antiautoritäre Kindergarten und was darauf folgte

In der Studentenbewegung der 60er Jahre wurde also die „antiautoritäre" Kindergartenerziehung aus der Taufe gehoben.
Das Ziel war, eine Alternative zu schaffen gegen
– die autoritäre Erziehung der Vergangenheit,
– Unterdrückung und Repression,
– Entmündigung und blinden Gehorsam,
– Planung und Dressur.

Das Wort „repressionsfrei" (unterdrückungsfrei) wurde zum meistbenutzten Begriff in diesen Jahren. Paten für diese Erziehungsform waren der Reformpädagoge Rousseau und das Erziehungskonzept des Engländers A. S. Neill. Der Engländer war bekannt geworden durch sein Buch „Die antiautoritäre Erziehung". Gesagt werden muss, dass in seinem Bestseller das Wort „antiautoritär" überhaupt nicht vorkommt. Sein Buch, das zuerst in einem deutschen Verlag erschien, war kaum verkäuflich. Erst als der Rowohlt-Verlag eine Neuauflage unter dem genannten Titel wagte, wurde das Buch zu einem Bestseller.

Keine Frage, der Begriff „antiautoritär" war ein Kampfbegriff. Viele Kindergärten wurden auch „Kinderläden" genannt. Ihr Konzept beinhaltete „sozialistische" oder „bürgerlich-liberale" Wesensmerkmale. Marxistische Klassenkampfparolen sollten in politischen Kinderspielen umgesetzt werden. Die Behörden reagierten weitgehend skeptisch und versagten in den meisten Fällen eine finanzielle Unterstützung. Streng genommen war eine vergangene Ideologie durch eine neue ersetzt worden. Lehrer waren nicht in erster Linie Erzieher, sondern Mitlernende, Souffleure (Einsager) und Mitspieler.

Die Gesellschaft sollte entschult werden. Selbstbestimmung, Selbstregulierung und Selbstverwirklichung standen im Mittelpunkt. Kinder sollten glücklich leben, ihre Ich-Stärke sollte aufgebaut werden. Sie sollten angehalten werden, ihre Bedürfnisse selbst zu befriedigen.

Sehr bald gingen die beiden Richtungen in der Kindergarten- und Kinderladenerziehung eigene Wege. Die politisch bestimmte sozialistische Kinderladen-Bewegung trennte sich von der bürgerlich-liberalen Kindergartenerziehung. Emanzipation wurde unterschiedlich bewertet. A. S. Neill war in erster Linie unpolitisch. Ihm lag nicht die Änderung der Gesellschaft am Herzen, sondern die individuell verstandene Emanzipation des Einzelnen. In den Kinderläden arbeiteten viele Eltern mit, besonders Mütter. Sie verstanden sich nicht als Aushilfskräfte und pädagogische Laien. Nein, sie waren aktive Mitarbeiter und Mitgestalter der Arbeit.

Ziel der Mitarbeiter war es,

... dass die Kreativität der Kinder entfaltet werden konnte;

... dass Kinder ihre destruktiven Impulse ausleben durften;

... dass Kinder sich selbst überlassen blieben;

... dass Kinder nicht direkt beeinflusst werden sollten.

Deutlich wird dabei, dass das Problem der Abgrenzung und die Bewältigung von aggressiven Attacken nicht erreicht wurden. Methodisch und pädagogisch handelte es sich weitgehend um eine Laisser-faire-Erziehung, das heißt, dass eine Beeinflussung der Kinder weitgehendst zu unterbleiben hatte.

Die unterschiedlichen Erziehungsprinzipien gegenüber dem „traditionellen" Kindergarten werden deutlich. Diese entstanden im 19. und 20. Jahrhundert als „Bewahranstalten" und als Einrichtungen, um erwerbstätige Eltern davor zu bewahren, dass ihre allein gelassenen Kinder verwahrlosten. Sehr bald wurde die Arbeit sozialpädagogisch verstanden. Vorbild waren die Fröbelschen Kindergärten. Fröbel hatte – etwas zugespitzt – eine heile Kinderwelt im Auge. Er sah im Kindergarten einen Schonraum. Kinder sollten ungehindert spielen können. Der Ernst des Lebens stand nicht zur Debatte. Kinder sollten zu den Erwachsenen vertrauensvoll aufblicken. In der Auseinandersetzung mit antiautoritären Konzepten, die Anfang der 70er Jahre an Einfluss einbüßten, wurden nun sozialpädagogische Entwürfe erstellt. Alte und neue Ideen wurden konstruktiv miteinander verknüpft.

Sie beinhalteten,

... dass Vorbilder wie Fröbel, Pestalozzi und Montessori mit ihren Vorstellungen wieder mit Leben gefüllt wurden;

... dass das Erzieherische wieder eine neue Bedeutung erfuhr;

... dass das Werteverständnis wieder stärker betont und vermittelt wurde;

... dass Elternarbeit mehr als Elternerziehung verstanden wurde;

... dass das „Lernen am Modell" stärker die Kindergartenarbeit bestimmen sollte.

Übersetzt heißt das: Elternerziehung ist ein Schwerpunkt der Kindergartenarbeit. Denn kaputte Elternhäuser und ein verunglücktes Erzieherverhalten richten bei Kindern mehr Schaden als Nutzen an. Wenn Erzieherinnen zum Mutterersatz werden, können Kinder aus geschiedenen Ehen versäumte Erfahrungen nachholen. Auf der anderen Seite sollen Kinder kognitiv und ganzheitlich zu Menschen erzogen werden, die friedlich miteinander umzugehen lernen, kreativ spielen können und eine notwendige Gewissensbildung erfahren. Das Lernen am Modell, das Lernen durch Imitation, soll ein positives Signalverhalten der Kinder ermöglichen. Die heile Welt ist überwunden, von der „Kinderverwahranstalt" ist keine Rede mehr. Auch der hässliche Begriff vom „Parkplatz für Kinder" hat ausgedient. Im neuzeitlichen Kindergarten werden Werte gepflegt, die Kreativität der Kinder wird gefördert.

Autoritäre und antiautoritäre Methoden und Konzeptionen gehören der Vergangenheit an. Die Umsetzung wirklicher Autorität wird angestrebt.

Autokratische und autoritäre Verhaltensmuster sind nahezu identisch. Der *Autokrat* ist ein Alleinherrscher. Und der *autoritäre* Mensch will ebenfalls bestimmen, herrschen und den Ton angeben.

Psychologie und Pädagogik kennzeichnen die Einstellungs- und Verhaltensmuster der Erzieher mit diesen Praktiken so:

- Sie rufen Verärgerung hervor.
- Sie reagieren unfreundlich.
- Sie zeigen sich verständnislos.
- Sie befehlen.
- Sie drohen Strafen an.
- Sie manipulieren.
- Sie bestrafen.

Autokratisches und autoritäres Verhalten von Erziehern können so beschrieben werden:

- Sie greifen mit ihren Vorschlägen in kindliche Spielabläufe ein.
- Sie wollen unbedingt ihre Vorstellung von Ordnung im Kinderzimmer durchsetzen.
- Sie geben die meisten Aufforderungen in Form von Befehlen an ihre Kinder weiter.
- Alle Schritte der Aktivität werden vom Erzieher bestimmt.
- Das zukünftige Tun ist den Kindern unbekannt.
- Der Leiter und Erzieher übernimmt die Verantwortung für alle Tätigkeiten des Kindes.
- Eltern und Erzieher befleißigen sich einer nicht-konstruktiven Kritik.
- Eltern und Erzieher sind eher unpersönlich als feindlich.

- Sie geben sich häufig Anerkennung und Lob. Allerdings ist das Lob in der Regel persönlich gehalten.
- Leiter und Erzieher machen häufig Gebrauch von Zurechtweisungen, Vorwürfen und Schimpfwörtern.
- Leiter und Erzieher demonstrieren gern ihre Macht und drücken sie auch aus durch Geringschätzung der Kinder.
- Sie legen Wert auf augenblicklichen Gehorsam.
- Sie geben zum Teil heftig und unbeherrscht ihren Unlustgefühlen Ausdruck.
- Sie stellen sich nur wenig ein auf die seelische Situation des kindlichen Partners.
- Sie respektieren kaum Wünsche und Belange des Kindes.

Maximale Lenkung – geringe Wertschätzungen

Kennzeichen ist das Lehrer-Erzieher-Verhalten in dem eben charakterisierten Sinne durch maximale Lenkung und geringe emotionale Wertschätzung des Kindes. Die Reaktionen des Kindes oder Jugendlichen zeigen:
– eine Unfreiheit des Handelns,
– eine Verschlechterung der Beziehung zu den Erwachsenen,
– ein unangepasstes Verhalten,
– negative gefühlsmäßige Erfahrungen,
– ein erzwungenes Angepasst-Sein,
– eine beeinträchtigte seelische Reife,
– eine verminderte Vielfalt und Individualität in Äußerung und Verhalten,
– eine eingeschränkte Spontaneität, Aktivität und Bewegungsfreiheit,
– eine größere Spannung, Reizbarkeit, Aggression und Dominanz der Kinder untereinander,
– geringe gemeinsame Gruppenaktivitäten.

Diese Kinder oder Jugendlichen ließen in 82 % der Fälle ein Sprachverhalten egozentrischer Natur erkennen: Sie benutzten häufiger die Fürwörter „ich", „mein", „mir", „mich" und weniger die Fürwörter „wir", „unser", „uns".

Kapitel 3

Autorität und Autorität Gottes

Menschliche Autorität ist hauptsächlich aus der Autorität Gottes abzuleiten. Immer wieder hat es Menschen gegeben, die sich wie Götter aufspielten und ihre Machtvollkommenheit auf Gott zurückführten. Nicht wenige haben sich im Laufe der Geschichte selbst als Götter ausgegeben und wurden vergötzt und vergöttert. Zweifellos ist diese Autorität nicht gemeint. In solchen Fällen wurde die Autorität missbraucht. Sie gebärdete sich autoritär und damit machtbesessen.

Die Autorität der Wahrheit

Das Wort „Autorität" ist stark vorbelastet durch eine missbräuchliche Verwendung. Denn Autorität ist ihrem Wesen nach Herrschaft ohne Beeinträchtigung der Freiheit.
Kirche kann ohne Autorität nicht bestehen. Es ist aber keine Autorität der Behörden und Synoden, sondern eine Autorität der Wahrheit. Die Wahrheit bildet das Fundament der Kirche. Es stimmt, dass die Kirche der Reformation stets den Gehorsam der Gläubigen und die Anerkennung der kirchlichen Autorität gefordert hat. Die Geschichte der evangelischen Kirche ist ein Beispiel für den Ungehorsam gegen kirchliche Autoritäten. Und wer den evangelischen Kirchen autoritäres Verhalten gegenüber den Gläubigen vorwirft,

verkennt die Geschichte und die Entwicklung der evangelischen Konfession.

Für die Kirche der Reformation gab es im Grunde nur die Autorität der Heiligen Schrift. Das gilt in dieser Kirche auch heute noch. Gehorsam wird gegen den Willen Gottes gefordert. Aber ihre Existenz verdankt sie dem Protest gegen die kirchlichen Autoritäten. In den reformierten Kirchen haben selbst die Bekenntnisschriften keine bindende Autorität. Sie können jederzeit verändert werden, wenn sich erweisen ließe, dass ihre Aussagen der Heiligen Schrift widersprechen.

Es gibt aber eine indiskutable Größe für den Christen, das ist Jesus Christus, der Sohn Gottes. Der Kyrios, der Herr, ist allein *die* Stimme, *das* Wort, *das* Evangelium, dem der Christ sein Ohr leiht. Die Autorität ist nicht die Autorität der Kirche, sondern die Autorität ihres Herrn Jesus Christus. Die Alleinherrschaft Jesu Christi bedeutet das Ende aller Hierarchie in der Kirche. Wo die Herrschaft Christi Diakonie oder Dienst wird, muss auch das menschliche Leben in der Kirche ein Dienen sein, ohne jeden anderen Anspruch auf Autorität als den des Wortes Gottes.

Würde Gott zum gleichwertigen Partner des Menschen herabgewürdigt, wäre er nicht mehr Gott. Der Gehorsam den Zehn Geboten gegenüber bedeutet eine bedingungslose Verpflichtung. Er darf auf keinen Fall infrage gestellt werden. Aber der Grundsatz: „Man muss Gott mehr gehorchen als den Menschen" (Apostelgeschichte 5,29), schließt von Anfang an die Freiheit zur Kritik jeglicher kirchlichen Autorität ein. Die Verkündigung des Evangeliums ist ein freies Angebot mit der Bereitschaft zum offenen Gespräch.

Zweifellos hat die antiautoritäre Bewegung, ob sie sich unter Alten oder Jungen befindet, Recht, wenn sie sich gegen eine Autorität zur Wehr setzt, die allein durch das Amt gegeben ist. Es unterliegt keinem Zweifel, dass es in der Kirchen-

geschichte viel Amtsmissbrauch gegeben hat. Das Neue Testament ist geradezu ein antihierarchisches, antiautoritäres Programm:
„Ihr sollt euch nicht Rabbi nennen lassen; denn einer ist euer Meister; ihr alle aber seid Brüder. Nennt auch niemand auf Erden euern Vater; denn einer ist euer Vater, der himmlische. Auch sollt ihr euch nicht Lehrer nennen lassen; denn einer ist euer Lehrer: Christus. Wer aber unter euch größer ist (als die anderen), soll euer Diener sein" (Matthäus 23, 8-11). Die überkommenen Formen der Autorität sind hierarchisch bestimmt. Wobei die Hierarchie eine Herrschaftsform von oben nach unten repräsentiert. Hierarchie meint nach dem großen Duden „die Gesamtheit derjenigen, die in dieser Rangordnung stehen": Die Rangordnung ist das Kennzeichnende.

Die Stimme der Autorität

Der bekannte Evangelist Billy Graham erzählt, wie er vor Jahren Indien bereiste und Mutter Teresa in Kalkutta besuchte. Er war fasziniert von der Frau und ihrem Dienst für die Ärmsten der Armen. Mutter Teresa gestand ihm, dass nur Jesus ihr die Kraft gebe, die Barmherzigkeit und das Mitleid für diese armen Menschen aufzubringen. Jesus lege ihr eine Last und eine Aufgabe auf die Schultern. Sie wolle nie mehr an einem anderen Ort arbeiten. Wörtlich berichtet er:
„Überall in der Welt sehnen sich die Menschen danach, die Stimme der Autorität zu hören. Die einzig wirkliche Autorität hat das Buch, das dies Wort Gottes enthält – die Bibel, die von der Autorität Jesu Christi berichtet und uns sagt, was er für unser Leben tun kann." [1]
Viele Menschen sind orientierungslos. Sie fragen nach gülti-

gen Maßstäben. Und sie fragen, was sie tun können. Spaß und Aktionismus werden langweilig und lenken von Leere und Resignation ab. Viele möchten einer Stimme folgen, die sie nicht hinters Licht führt. Sie wollen nicht in Sackgassen geraten. Sie wollen einen wirklichen Sinn im Leben erfahren. Mutter Teresa, Billy Graham und Millionen namenloser Christen sind der Stimme der Autorität gefolgt. Viele können wie Mutter Teresa bestätigen: „Ich will nie mehr an einem anderen Ort arbeiten als hier."

Autorität in der Kirche

Wie wird Autorität in den Großkirchen gelebt? Besonders lutherische Christen stellen die Rechtfertigungslehre in den Mittelpunkt ihres Denkens. Christus hat mich durch Tod am Kreuz und durch seine Auferstehung gerechtfertigt. Sie ziehen den Schluss, dass man lieber Unrecht erleiden soll, als dagegen anzukämpfen.

Wenn autoritäre Strukturen herrschen, wollen sie sich damit abfinden. Ist das nicht ein Irrtum? Müssen nicht Christen, die die Autorität der Heiligen Schrift als Maßstab ihres Denkens und Handelns verstehen, das Unrecht bekämpfen? Denn das Luthertum ist ja nicht individualistisch, also auf den Einzelnen gerichtet. Es geht um die Gemeinschaft, es geht um Nächsten- und Menschenliebe. Der Nächste ist das Ziel unseres Handelns.

In zwei Kernsätzen fasst Jesus die Botschaft der Bibel zusammen:

„Wir sollen Gott über alle Dinge lieben und unseren Nächsten wie uns selbst." Dieser Maßstab ist verbindliche Autorität für Glauben und Handeln. Auch Luther selbst ist ein Beispiel dafür, dass sich Kirchengremien und Synoden irren können. Das verbindliche Gotteswort ist die einzige Richtschnur und letztgültige Autorität. Wer die Antwort der Heiligen Schrift als seine Richtschnur erkennt, ist verpflichtet, autoritären Bestrebungen zu widerstehen. Christen sind Zeugen der Autorität der Schrift. Sie sind Zeugen der Autorität Gottes. Wer die Autorität der Schrift bejaht, darf niemals die Freiheit eines anderen unter Berufung auf die Autorität einschränken.

- Der Glaube ist ein freiwilliges Angebot, das niemanden zwingt.
- Der Glaube will überzeugen, nicht niederringen.
- Der Glaube will bezeugen, nicht überreden.

Autorität und die Vollmacht Gottes

Der Psychologe Ulrich Beer hat sich eingehend mit der wahren Autorität und angemaßtem autoritären Verhalten auseinander gesetzt. Er führt die Autorität auf die Bibel zurück. Bei ihm heißt es:
„Ursprünglich ist menschliche Autorität nur aus der Autorität Gottes zu begründen. (…) Schon Jesus beruft sich häufiger, ja prinzipiell in allem, was er tut, auf die göttliche Vollmacht: ‚Nicht ich, sondern mein himmlischer Vater (…).‘ Wer für seine Sendung aufgeschlossen ist, handelt nicht aus eigenem Ermessen, sondern nach einem höheren Willen oder doch aus der Verantwortung, die in höherem Auftrag steht. (…) Auch im 1. Petrusbrief (2,17) wird diese Solidarität deutlich: ‚Tut Ehre jedermann, habt die Brüder lieb, fürchtet Gott!‘
Nun ist es hier nicht, wie man meinen könnte, die ideologische Begründung des Patriarchats oder des Kadavergehorsams gegenüber der Allmacht Gottes. Es heißt ja nicht: Ich

werfe euch in den Staub vor Gott, dem höchsten Herrscher, dem ich auf Gedeih und Verderb ausgeliefert bin; seiner Gewalt unterwerfe ich mich willenlos und bin bereit, alles zu bekämpfen, was sich dem entgegenstellt." [2]

Nicht der Mensch ist der Maßstab aller Dinge, sondern

- als der *Starke* beugt er seine Knie vor Gott, dem Vater Jesu Christi. Das ist Demut;
- als *sein Kind* vertraut er dem Vater, der den Menschen rückhaltlos liebt. Das ist Vertrauen;
- als *sein Werkzeug* lässt er sich füllen mit Gottes Geist, und seine Gaben dienen dem Nächsten. Das beinhaltet mehren und wachsen lassen;
- als *sein Mitarbeiter* lebt er aus der Kraft Gottes, lässt sich Geborgenheit schenken, vertraut seiner Führung und behandelt alle Mitmenschen als Gleichwertige. Das beinhaltet Respekt.

Beer macht darauf aufmerksam, dass diese Ehrfurcht vor Gott und der gleichwertige Respekt vor den anderen Menschen eine gewaltlose und Macht verabscheuende Einstellung beinhalten.

Zweifellos ist in der Kirchengeschichte dieses Prinzip oft missbraucht worden. Heilige Kriege, militärische Eroberungen und der Machtmissbrauch von Persönlichkeiten in hohen Ämtern und in Leitungsfunktionen sind Schandflecke in der Geschichte unserer großen Kirchen.

- Macht korrumpiert.
- Macht verführt.
- Macht macht böse.

Wahre Autorität wird uminterpretiert und autoritär ausgenutzt. Macht und Autorität gingen oft eine unselige Ehe ein.

Die Reformation hat die missbrauchte Autorität der Papstkirche infrage gestellt und theologisch entlarvt. Aber immer wieder haben sich Menschen verleiten lassen, die Vollmacht Gottes zu missbrauchen. Der 30-jährige Krieg, die Hexenverfolgungen und Hexenverbrennungen sind nur zwei Beispiele entarteter Autorität. Noch einmal Ulrich Beer: „Im Mittelalter sah man sich einem pyramidenartigen System gestufter Vollmachten gegenüber, die sich aus der Allmacht und Autorität Gottes ableiteten. An der Spitze der Pyramide thronte Gott Vater, in seiner Stellvertretung regierte der Heilige Vater. Er salbte die Herrscher, die sich als Landesväter verstanden. An der Spitze der Familie, der kleinsten Herrschaftseinheit, stand der Familienvater, der in der gleichen Stellvertretungsfolge stand. Klöster und Schulen waren ebenfalls nach diesem patriarchalischen Prinzip strukturiert, das bis in die Neuzeit reicht."[3]

In Kirchen, Gemeinden und Familien muss bis heute die Autorität Gottes dafür herhalten, Gewalt und Macht anzuwenden. Menschen und Christen sind erfindungsreich. Wer sich durchsetzen will und autoritativen Methoden misstraut, findet reichlich Rechtfertigung, seine Macht spielen zu lassen.

Ein letztes verzweifeltes Aufbäumen, patriarchale Strukturen beizubehalten, habe ich in den 70er-Jahren erlebt. Die langen Haare der Heranwachsenden und der Turnschuhstil brachten Eltern gegen ihre Kinder auf. Es war ein unsinniger Kampf mit unsinnigen Methoden und unsinnigen Argumenten. Überall da, wo Eltern mit autoritären Methoden ihr Erziehungsziel durchzusetzen versuchten, gab es Rebellion, Feindseligkeit und familiären Unfrieden. Wo Eltern mit ihren Kindern sachlich und einfühlsam redeten, wo keine Machtgelüste das Klima verschlechterten, waren bald lange Haare, Turnschuhe und Kleidungsfragen kein Thema mehr.

Viele Christen berufen sich gern auf die Autorität der Schrift, versuchen aber ihre Kinder nach ihrem Bild zu erziehen. Kinder sind kein Anhängsel von Erwachsenen und nicht wehrlose Versuchsobjekte. Es sind eigene Menschen mit eigener Freiheit. Ihre Würde wird von Jesus hoch eingeschätzt.

„Wer eins von diesen Kindern verwirrt oder verstört, dem soll man einen Mühlstein um den Hals hängen und ihn ins Meer werfen, wo es am tiefsten ist" (Markus 9,42).

Kinder genießen in den Augen Jesu einen hohen Stellenwert. Wer sie antastet und ihre Seele verwirrt, dem droht Jesus eine furchtbare Strafe an. An kaum einer anderen Stelle bekommt seine Haltung einen so aggressiven Unterton.

Autorität, die sich auf die Bibel beruft, erfordert,

... die Ablösung der Kinder zu bejahen;

... dass Kinder nicht unterdrückt werden;

... dass Kinder gleichwertig behandelt werden;

... dass Eltern nicht ihre Erziehungsmaßstäbe über die Maßstäbe der Bibel stellen;

... dass Eltern nicht willkürlich Regeln und Normen setzen, die das Selbstvertrauen des Kindes und seinen Selbstwert untergraben;

... dass Eltern und Erzieher sich im Zweifelsfall mit Seelsorgern aussprechen, um fragwürdige Methoden der Erziehungspraxis zu überprüfen.

Die Autorität ist *eindeutig*, die Auslegung und Deutung dieser Autorität durch Eltern und Erzieher oft *mehrdeutig*. Wer auf Gott hören will, wird immer wieder seine Erziehungsprinzipien biblisch-theologisch unter die Lupe nehmen.

In einer pluralistischen und multikulturellen Umwelt sehnen sich viele Menschen nach Leitung und nach vollmächtigen Autoritäten. Die Gefahr, in eine Sekte zu geraten und selbst ernannten Propheten in die Hände zu fallen, ist groß. Die Unfreiheit vieler Menschen lockt Führer und Leiter in Sekten an, ihre Autorität zu überhöhen, sich eine „himmlisch bestätigte Vollmacht" anzumaßen.

„Bei den Neuapostolen genießt der Stammapostel letzte, unantastbare Autorität. In der ‚theokratischen Organisation' der Zeugen Jehovas ist das Präsidium der ‚bevollmächtigte und autorisierte Kanal Jehovas'. Ihm unterwirft sich der Gläubige bedingungslos.

‚Um also Christus als das leitende Haupt anzuerkennen, ist es notwendig, der Organisation zu gehorchen, die er persönlich leitet. Zu tun, was die Organisation sagt, bedeutet so viel wie, das zu tun, was er sagt. Der Organisation zu widerstehen bedeutet, ihm zu widerstehen' (Der Wachtturm).

‚Wenn wir Jehova und die Organisation lieben, werden wir nicht misstrauisch sein, sondern werden, wie die Bibel sagt, ‚alles glauben', nämlich alles, was der Wachturm darreicht. Für diese bedingungslose Unterwerfung ist der Zeuge Jehovas sogar dankbar.'" [4]

Je unsicherer und wankelmütiger Menschen sind, die eine straffe Hand und klare Strukturen wünschen, desto leichter haben es Menschen mit angemaßter Vollmacht, andere in ihren Bann zu ziehen. Die Grenzlinie zwischen Autorität und autoritären Einstellungsmustern ist häufig fließend. Autoritäre Strukturen haben viele Kinder kleinmütig und ängstlich gemacht. Sie wurden im Selbstwert gestört, reagierten mit Minderwertigkeitsproblemen und sind gefährdet, Menschen mit autoritären Ansprüchen in die Hände zu fallen.

Eltern und Erzieher, Führungskräfte in Gemeinde und Unternehmen, die die Bibel als Maßstab für ihre Autorität anerkennen, benötigen ein hohes Maß an Selbstvertrauen und Kritikfähigkeit, autoritäre und autoritative Aussagen zu unterscheiden. Erzieher mit Autorität verstehen es, Kinder und Jugendliche nicht klein zu halten, sondern sie zu ermutigen, sich ein objektives Bild von biblischen Maßstäben und autoritären Ansprüchen zu machen. Sie verstehen es auch, die Grenzen zwischen beiden Systemen klar herauszustellen.

Autorität kommt von Gott. Sie geht letztlich nicht von Menschen aus, denen Autorität übertragen wurde. Wer diese Autorität Gottes anerkennt, wird selbst Autorität positiv gestalten können.

Wer sich selbst über die Autorität Gottes erhebt,

... wird leicht andere degradieren,

... wird schnell andere manipulieren,

... macht andere abhängig und

... wird unter der Hand un-menschlich.

Biblische Autorität als Vorbild

Ein Mann, der rückhaltlos der Autorität Gottes vertraute und danach lebte, war Dietrich Bonhoeffer. Er gehörte zu den Theologen, die zum Widerstand gegen Hitler aufriefen und die in Wort und Tat ihr Leben aufs Spiel setzten. Er fand im Wort Gottes die einzige Richtschnur für ein christliches Leben in unserer Zeit.

An Rüdiger Schleier, seinen Schwager, schrieb er:

„Du fragst, wie lebe ich in dieser Welt ein christliches Leben und wo ist die letzte Autorität für ein solches Leben, das sich allein zu leben lohnt? Ich will da zunächst ganz einfach bekennen: Ich glaube, dass die Bibel allein die Antwort auf alle unsere Fragen ist und dass wir nur anhaltend zu fragen brauchen, um Antwort von ihr zu bekommen."

Bonhoeffer traute diesem Wort, gerade auch in den Stunden des inneren Zwiespalts, wenn ihn seine Neigung andere Wege führen wollte. Er hatte die Möglichkeit, allen Verfolgungen im Hitler-Deutschland zu entgehen. Man brauchte ihn in London, später in den Vereinigten Staaten. Hier winkte eine vielversprechende Karriere als Theologie-Professor. Aber beide Male, als der Sprung in die Sicherheit schon getan war, erzwang sein an Gottes Wort gebundenes Gewissen die Rückkehr. Bonhoeffer hat es gesagt und gelebt, was Maßstäbe der Bibel uns verdeutlichen. „Ich muss Gott mehr gehorchen als den Menschen." Er hat Liebes- und Familienbeziehungen, Karriere und Prestige zurückgestellt, um Gottes Autorität zu entsprechen.

Niemand hat ihn überredet.

Niemand hat ihn gezwungen.

Mutig und freiwillig ging er den Weg eines Märtyrers, der seine Mitgeschwister nicht einem skrupellosen Diktator überlassen wollte. Unter Lebensgefahr und unter primitiven Verhältnissen bildete er Theologen aus und rüstete sie zum inneren und äußeren Kampf gegen ein christusfeindliches Regime. Im Konzentrationslager Flossenbürg wurde er noch kurz vor Kriegsende von Hitlers Schergen ermordet.

Er vertraute der Autorität Gottes.

Er vertraute der Autorität der Schrift.

Autorität und Freiheit

Autorität und Freiheit scheinen diametral entgegenzustehen. Mit der Autorität, die in den 60er- und 70er-Jahren zu Grabe getragen wurde, sollten auch Begriffe wie Gehorsam,

Pflicht und Ordnung beerdigt werden. Freiheit wurde zum Lieblingsbegriff. Junge Menschen und Kinder sollten in Freiheit erzogen werden. Druck und Repression wurden zu pädagogischen Knebelwerkzeugen erklärt.

Der Erfolg:

- Freiheit wurde entleert.
- Freiheit wurde mit Willkür gleichgesetzt.
- Freiheit wurde zur „Mach-was-du-willst-Masche".
- Freiheit wurde zur Bindungslosigkeit.

Wie klug hat Luther die Freiheit aus dem christlichen Glauben definiert:

„Ein Christenmensch ist ein freier Herr über alle Dinge und niemand untertan. Ein Christenmensch ist ein dienstbarer Knecht aller Dinge und jedermann untertan."

Letzte Bindung beinhaltet letzte Freiheit. Maßlose Freiheit ist ein Widerspruch in sich. Eine bindungslose Freiheit ist Chaos. Sie ruft Unordnung und Zerstörung hervor. Wer sich von allem löst, was ihn bindet, der verliert sich in Egoismus und Selbstsucht. Er handelt dissozial und unmenschlich.

Ordnung und Gehorsam sind wichtige Momente zur Freiheit. Die Autorität der Eltern, Lehrer und Erzieher wurzelt in der Verantwortung, Sachen, Personen und Gott gegenüber.

- Die Autoritätsperson gibt klare Anweisung, aber sie fordert keinen blinden Gehorsam.
- Die Autoritätsperson gibt Richtlinien, herrscht aber nicht durch Willkür.
- Die Autoritätsperson ist Werkzeug einer höheren Autorität und verzichtet auf Machtvollkommenheit.
- Die Autoritätsperson fordert Verantwortung, aber sie vergewaltigt nicht.

- Die Autoritätsperson fördert die Selbstbeherrschung, aber sie provoziert nicht zum Widerstand.

Dürfen wir zur Freiheit erziehen?

Ja, das dürfen wir, denn im Evangelium wird uns die Verheißung zuteil, dass wir durch die Liebe Gottes angenommen sind. Wir sind frei und können zur Freiheit erziehen, weil wir uns im Wort Gottes gefangen wissen. Aus IHM, nicht zuerst durch uns, wird Freiheit im Menschenherzen sich ereignen. Freiheit und Verantwortung sind unlösbar miteinander verbunden. Wer der Freiheit ins Wort redet und die Verantwortung unterschlägt, erzieht zur Willkür und zur Verantwortungslosigkeit. Freiheit und Verantwortung gründen im Gewissen. Daher ist mit der Erziehung zur Verantwortung eine gründliche Gewissensbildung verbunden. Ein verwildertes Gewissen produziert verwilderte Freiheitsgefühle. Und verwilderte Freiheitsgefühle zerstören das Verantwortungsgefühl des Menschen.

Autorität und Freiheit sind keine Gegensätze. Wahre Autorität gibt Freiheit. Aber sie fühlt sich an Gottes Maßstäbe gebunden. Das hat Luther unmissverständlich deutlich gemacht in seiner Streitschrift „De servo arbitrio" (Vom unfreien Willen), im Gegensatz zu Erasmus von Rotterdam mit seinem Buch „De librio arbitrio" (Vom freien Willen).

Luther hat die Freiheit des Wollens in einem drastischen Bild so charakterisiert:

„So ist der menschliche Wille wie ein Lasttier; wenn Gott draufsitzt, will er und geht er, wohin Gott will. ... Wenn der Satan draufsitzt, will er und geht er, wohin Satan will. Und es liegt nicht in seiner freien Wahl, zu einem der beiden Reiter zu laufen und ihn zu suchen, sondern die Reiter selbst kämpfen darum, ihn festzuhalten und in Besitz zu nehmen." [5]

Mit der Willensfreiheit des Menschen ist es nicht weit her. Die Freiheit des Menschen besteht lediglich darin, sollte man meinen, die angebotene Hand Gottes zu ergreifen oder auszuschlagen. Das klingt pietistisch. Ist es aber nicht. Es ist die Deutung des Humanisten Erasmus von Rotterdam. Darum hat der ehemalige große Theologe Iwand gesagt: „Der moderne Protestantismus ist hier Erasmus gefolgt, nicht Luther."

- Wahre Freiheit ist Gebundenheit.
- Wahre Freiheit ist in Christus begründet.
- Wahre Freiheit beinhaltet, dass Christus uns freigemacht hat.

Kapitel 4

Die Sucht, für andere verantwortlich zu sein

Machtmissbrauch und autoritäres Verhalten können sich auf unterschiedliche Weise äußern. Nicht immer ist Herrschsucht auf Anhieb zu erkennen. Es gibt unzählige Methoden, um andere Menschen so zu beeinflussen, dass sie artig reagieren, sich willig unterordnen und unmündig werden. Ein Verhaltensmuster, das sich geschickt tarnt, ist die Sucht, für andere verantwortlich zu sein.

Diese übertriebene Verantwortungsbereitschaft ist eine *Sucht*, ein Zwang,

... sich um andere *kümmern zu müssen*,

... sich für andere *verantwortlich zu fühlen*,

... sich um andere *kontrollierend* zu bemühen.

Was ist Codependence?

Diese Sucht, für andere verantwortlich zu sein, nennen die amerikanischen Autoren Hemfelt, Minirth und Meiers *Codependence*.

„Ein Codependanter kann süchtig nach einem anderen Menschen sein. Bei einer solchen zwischenmenschlichen Codependence ist der Codependant so in die andere Person verstrickt, dass die eigene Identität erheblich eingeschränkt und von dem Problem der anderen Person verdrängt wird. (...) Der Alkoholiker war vom Alkohol abhängig. Die Familie war gemeinsam mit dem Alkoholiker ‚codependant' von dessen Alkoholismus." [1]

Mit anderen Worten:

- Codependence ist Co-Abhängigkeit und beinhaltet wörtlich „mit abhängig sein".
- Alkoholiker und Angehörige sind voneinander abhängig und beeinflussen sich gegenseitig.
- Alkoholiker und Angehörige spielen perfekt zusammen. Die Angehörigen kümmern sich in unangemessener Weise um den Abhängigen und geraten in die Sucht, für den anderen verantwortlich zu sein.
- Der Begriff „Co-Abhängigkeit" ist ursprünglich bei Alkoholikern und Drogenabhängigen konzipiert worden. Er trifft aber auf *alle* Beziehungen zu, wo Menschen in Ehe, Familie und Gemeinde „mit abhängig" werden.

Wie wirkt sich Mitabhängigkeit in Ehe und Familie aus?

Der Begriff „Mitabhängigkeit" verleitet dazu, diese Menschen als schwach, hilflos und machtlos zu verstehen. Aber im Prinzip beinhalten ihre Strategien Macht.

Merkmale der Mitabhängigen
- Mitabhängige suchen immer jemanden, um den sie sich kümmern müssen.
- Mitabhängige sind von dem Gedanken beseelt, andere zu kontrollieren.
- Mitabhängige sind fanatische Helfertypen.
- Mitabhängige kümmern sich weniger um sich, in erster Linie um andere.
- Mitabhängige haben gern hilflos bedürftige Menschen um sich, um auf ungesunde Weise glücklich zu sein.

- Mitabhängige werden leicht aus Sorge um andere Menschen krank.
- Mitabhängige verzichten auf viele Dinge, um andere zu beglücken.
- Mitabhängige müssen helfen und machen andere krank und sorgen ungewollt dafür, dass sie krank bleiben.
- Mitabhängige geraten leicht in zerstörerische Beziehungen und lernen leicht, sich allmählich selbst zu zerstören.
- Mitabhängige reagieren mit Angst, Mitleid und Schuld, wenn andere Menschen ein Problem haben.
- Mitabhängige versuchen andere zu erfreuen, statt auch für das eigene Wohl zu sorgen.
- Mitabhängige machen anderen erhebliche Schuldgefühle, wenn sie geben und nichts zurückerhalten.

Hier werden nur einige wenige Verhaltens- und Reaktionsmuster genannt, die den Machtmissbrauch verschleiern, die im Grunde ein autoritäres Gebaren spiegeln und die Partner, Hilfsbedürftigen und Kinder entmutigen.

Mitabhängigkeit meint auch:
- Der andere ist dem Helfertyp ausgeliefert.
- Andere werden ungewollt und unverstanden in die Abhängigkeitsrolle hineinmanövriert.
- Die anderen werden hilfsbereit bevormundet, aber eben bevormundet. Mitabhängigkeit in diesem Sinne ist kein autoritatives Verhalten.

Ein Selbsterforschungsfragebogen

	stimmt nicht	stimmt etwas	stimmt voll
Ich fühle mich für andere verantwortlich, was ihre Gefühle, was ihre Gedanken, Taten und Entscheidungen angeht.			
Ich reagiere mit Schuldgefühlen, Angst und Mitleid, wenn andere Menschen (Angehörige) ein Problem haben.			
Ich stehe bereit, mit Vorschlägen, Rat geben und ungefragten Hilfsangeboten dem anderen beizustehen.			
Ich will versuchen, die Bedürfnisse des anderen zu befriedigen, und stelle meine Bedürfnisse völlig zurück.			
Ich spüre, dass ich mich von Menschen, die Hilfe brauchen, angezogen fühle.			
Ich habe oft das Gefühl, von anderen – Angehörigen und Fernstehenden – ausgenutzt zu werden.			
Ich habe die Eigenart, Komplimente und Lob abzuweisen.			
Ich neige dazu, wenn Lob und Komplimente ausbleiben, deprimiert zu sein.			
Ich neige dazu, mit Schuldgefühlen zu reagieren, wenn wir uns in der Familie kostspielige Dinge genehmigen.			

Ich spüre, dass ich häufig die Worte „ich sollte" und „ich müsste" und „eigentlich" benutze.			
Ich habe den Eindruck, dass mein hohes Verantwortungsgefühl dazu dient, mein Selbstwertgefühl zu erhöhen.			
Ich stelle fest, ich will gebraucht werden.			
Ich habe die Angewohnheit, viel über andere Menschen nachzudenken.			
Ich ertappe mich dabei, dass ich meine ganze Energie auf andere Menschen und Probleme konzentriere.			
Ich habe Probleme damit, andere Menschen sein zu lassen, wie sie sind.			
Ich neige dazu, besser zu wissen als andere, was sie tun und lassen sollten.			
Ich erlebe immer wieder bei mir, dass ich mit Zwang, Überredung, Ratschlägen und Manipulation andere beeinflussen will.			
Ich habe wenig Anerkennung und Bestätigung durch meine Eltern erfahren; ich besorge sie mir heute durch meine Verantwortlichkeit.			
Ich tue viel für andere, um geliebt zu werden.			
Ich habe zu viel für andere getan, fühle mich ausgenutzt, überfordert und deprimiert.			

Hinweise für den Fragebogen

1. Der Fragebogen enthält 20 Aussagen, die Mitabhängigkeit, Co-Abhängigkeit und die Sucht, für andere verantwortlich zu sein, kennzeichnen.

2. Füllen Sie den Bogen ehrlich vor sich selbst und vor Gott aus, um Ihren unterschwelligen Machtmissbrauch zu testen.

3. Sie können den Fragebogen auch von Ihrem Partner, Ihren Eltern oder Ihrem Kind ausfüllen lassen. Die haben etwas mehr Distanz und kennen Ihre Einstellungs- und Reaktionsmuster recht gut.

4. Wer mehr als fünf „Stimmt-voll-Antworten" angekreuzt und mehr als sieben „Stimmt-etwas-Antworten" als richtig erkannt hat, ist vermutlich ein Mitabhängiger, ein Co-Abhängiger oder ein Codependant. Die Begriffe meinen im Wesentlichen das Gleiche.

5. Haben Sie den Eindruck, dass Ihr Verantwortungsgefühl gegenüber anderen Menschen, lieben Angehörigen, Freunden und Bekannten ein Normalmaß überschreitet?

6. Was wollen Sie tun, um Manipulation, Machtmissbrauch und übermäßige Beeinflussung zu verringern oder zu vermeiden? Oder sind Sie überzeugt, dass Ihr Dienst in erster Linie nur dem anderen Menschen dient?

Unser Leben ist ein unaufhörliches Zusammenspiel von Menschen,
... die sich gesucht und gefunden haben,
... die sich gegenseitig benutzen,
... die Geben und Nehmen, Schenken und Beschenkt-Werden, Gelten und Gelten-Lassen verzerrt realisieren.

Ganz leicht kommen Verantwortliche, Väter und Mütter, Vorgesetzte (Ärzte, Lehrer, Erzieher und Pastoren), in Rollen, die sie in Ersatzeltern verwandeln. Sie tun des Guten zu viel, und zwar *für* den anderen statt *mit* dem anderen.

Hinweis Nr. 1:
Besonders älteste Kinder, Jungen oder Mädchen, die freiwillig oder als Zumutung eine Vize-Elternrolle übernommen haben, geben dieses Verantwortungsmuster später selten wieder ab.
- Sie übernehmen *zu viel* Verantwortung.
- Sie praktizieren *zu viel* Fürsorge.
- Sie übertreiben ihren *Helferanteil.*
- Sie wollen lieber *führen und bestimmen.*

Hinweis Nr. 2:
Frauen und Männer in Helferberufen, als Beraterinnen und Berater, als Pastorin oder Pastoren und als Gemeindeschwestern werden schnell als Frauen und Männer in Rollen gedrängt, als Ersatzpartner oder als Ersatzeltern zu fungieren. Sie geben Ratschläge, praktizieren zu viel Verantwortung und setzen genau die Rolle fort, die die Ratsuchenden schon bei den eigenen Eltern erlebt haben. Es ist keine Frage, dass sich angehende Berater, Lehrer, Erzieher und Pastoren genau für

diese Berufe entscheiden, weil sie von Hause aus schon das übertriebene Verantwortlich-Sein im Gepäck haben.

Hinweis Nr. 3:

Väter und Mütter, Berater und Beraterinnen, Pastorinnen und Pastoren bekommen in der Seelsorge und in der Konfliktberatung sehr schnell zu hören, was sie alles falsch gemacht haben. Hier melden sich die Abhängigen, die gegen die Entmündigung und Manipulation Sturm laufen. Sie wollen nicht schon wieder als Erwachsene mit guten Ratschlägen und gut gemeinten Hilfsangeboten wie Kinder behandelt werden. Denn diese Reaktionen sind die Antwort von späteren Erwachsenen, die als Kinder Machtmissbrauch und autoritäres Gebaren erlebt haben. Als Erwachsene rebellieren sie gegen ihre Entmündigung.

Problematische Rollen der Ursprungsfamilie

Wenn Autorität in Familien verzerrt gelebt wird, schälen sich im familiären Zusammenspiel Rollen heraus, die zunächst positiv, später negativ bewertet werden.

Der Macher

Der Macher ist häufig ein Alleskönner. Er ist der Größte. Er weiß überall sofort Rat. Probleme löst er *für* andere im Handumdrehen. Er kümmert sich um alles und hat die Familie im Griff. Er ordnet an, das muss kein Befehlston sein. Kinder und Partner handeln auf Anweisung. Ein solcher Macher wird im Umfeld der Familie als Vorzeigefigur anerkannt. Frauen in der Nachbarschaft und in der Gemeinde sind angetan, hin und wieder verliebt in diese übertüchtigen Macher. Auch als Frau kommt die Macherin vor. Andere

Frauen in der Nachbarschaft und in der Gemeinde beneiden sie, wenn sie den Haushalt „schmeißt", Kinder erzieht und noch verschiedene Aufgaben in der Gemeinde nebenbei übernimmt. Die Supermuttis ernten Anerkennung und Kritik. Die Kritik offenbart sich in der eigenen Familie am stärksten. Ältere Kinder rebellieren. Sie fühlen sich kontrolliert, manipuliert und nicht partnerschaftlich behandelt.

Auch unter Geschwistern wächst so ein Macher heran. Jungen und Mädchen eignen sich für die Rolle gleichermaßen. Sollten die Eltern überlastet sein, vielleicht sogar die Mutter krank, dann wachsen Macher oder Macherinnen in ihre Rolle. Sie können kochen, die Wäsche machen, Schularbeiten kontrollieren, kleine Geschwister beaufsichtigen und ins Bett bringen. Es sind die Superfrauen und Supermänner von morgen. Das autoritäre Spiel wird fortgesetzt.

Das schwarze Schaf

In vielen Familien gibt es „schwarze Schafe". Sie ziehen alles Unglück auf sich. Für alles und nichts werden sie verantwortlich gemacht. Vater und Mutter setzen Urmaßstäbe. Ihr Ehrgeiz ist hoch. Und ein oder zwei Kinder entsprechen diesen Vorstellungen. Die Eltern sind stolz auf sie. Einige werden zu Musterkindern und Musterschülern. Diese Kinder werden für ihr Verhalten und ihre Leistungen gut belohnt. Belohnungen sind aber autoritäre Methoden.

- Kinder werden belohnt und damit *gekauft*.
- Kinder werden belohnt und damit *manipuliert*.
- Kinder werden belohnt und *gefügig gemacht*.

Viele Eltern wehren sich gegen diese Analyse. Sie sind wütend, dass ihre „edlen Absichten" so negativ interpretiert werden. Aber das Sprichwort im Volksmund sollte uns zu denken geben: „Edle Absichten sind Erziehungsfehler." Pädagogen und Seelsorger können davon ein Lied singen. Ich habe noch niemals Eltern in der Beratung erlebt, die nicht das Beste *für* ihre Kinder wollten. Und diese Für-Sorge wandelt sich unter der Hand in eine bestimmte und autoritäre Haltung. Ist es daher ein Wunder, dass sich Kinder wehren und in die „Schwarze-Schaf-Gesinnung" abdriften? Sie spüren die gute Absicht und sind verstimmt.

Viele Eltern sind an dieser Erziehungsmethode gescheitert, weil in den „guten und edlen Absichten" nicht die Anleitung zur freien und kreativen Selbstentfaltung gegeben wird, sondern Kinder sollen sich den Wünschen der Eltern unterordnen. Vielen Erziehern geht nicht auf, dass die guten Absichten einer Bevormundung gleichkommen. Nicht wenige Kinder, die erwachsen wurden, beklagen später diese Fremdbestimmung und machen den Eltern oder einem Elternteil bittere Vorwürfe.

Der Clown

Eine andere Spielart ist der Clown. Auch er wehrt sich gegen Bevormundung und gegen laute und leise Ansprüche der Eltern, die ihn führen und bestimmen wollen. Besonders in der Schule erleben Lehrer den Klassenclown. Er spielt die gleiche Rolle wie zu Hause. Er wehrt sich auf seine Weise heftig gegen die Fremdbestimmung. Er fühlt sich ständig kritisiert, manipuliert und zurückgesetzt. Mit seinen Waffen kämpft er dagegen.

Was erreicht er? Die Eltern müssen sich um ihn kümmern. Sie sind ständig mit ihm beschäftigt. Er bestraft sie für ihre Besserwisserei, für ihre Nörgelei und für ihre hohen Erwartungen. Im Guten handelt es sich um ein sehr unglückliches Kind, das im Innern traurig ist und sich allein gelassen fühlt. Je mehr Eltern ihre falsche Autorität mobilisieren, den Clown mit elterlicher Gewalt disziplinieren wollen, desto verrückter spielt er sich auf. Selbstverständlich gibt es männliche und weibliche Clowns. Statistisch überwiegen allerdings Jungen, die offensichtlicher gegen Machtmissbrauch rebellieren.

Das überartige Kind

Es gibt Kinder, die sind unauffällig. Sie reagieren still, angepasst und bescheiden. Sie fallen selten auf, es sei denn durch Schweigen und Rückzug. Im Wesentlichen sind es ernste und traurige Kinder. Sie erleben starke und fordernde Eltern, die bestimmen und den Lebensweg des Kindes programmieren. Diese Kinder ordnen sich unter, sie machen, was die Eltern wollen, und fügen sich geduldig, weil ihr Widerspruch die Eltern nur fordernder und bestimmender machen würde.

Diese Kinder sind immer lieb. Nur schwer können sie lustig sein und lachen. Sie bringen gute Noten nach Hause. Die Eltern und Lehrer können zufrieden sein. Was fehlt diesen Kindern? Häufig werden sie pädagogisch völlig verkannt. Und sie sind schwerer zu behandeln als rebellische und aggressive Kinder. Es sind keine eigenständigen Persönlichkeiten. Sie tun, was ihnen gesagt wird, und sie denken, was ihnen vorgedacht wird. Sie sind sehr unglücklich. Von Hause aus sind sie keine Kämpfer und können sich nur schwer durchsetzen. Eltern, die sich stimmlich fordernd und autoritär gebärden, erziehen ungewollt ein überartiges Kind, das überangepasst lebt, sich aber im tiefsten Innern unglücklich fühlt. Ihm fehlt Identität.

In gestörten Familien ist Kontrolle eine beliebte Erziehungsmethode.

Häufig neigt ein Elternteil
– zum *kritischen* Verhalten,
– zur *gesetzlichen* Einstellung,
– zur *Dominanz* und
– zum *Perfektionismus.*

Diese Verhaltensmuster verleiten zur übersteigerten Kontrolle. Leider ist es so, dass Kinder später als Verheiratete
und Erwachsene auch zur Kontrolle neigen. Sie kennen die
Praxis aus der Ursprungsfamilie. Gerade in Ehen und in der
Familie werden die Muster ungewollt und unverstanden ein-
gesetzt. Jeder versucht den anderen zu dominieren. Jeder
kämpft um Sieg und Niederlage. Kontrolle ist einer der
wichtigsten Faktoren bei Zwanghaftigkeit. Unzählige Teen-
ager leiden oft sehr unter der Kontrolle der Eltern oder
eines Elternteils. Sie glauben, sie können sich nicht verhalten, wie sie wollen. Sie besiegen die Macht der Eltern mit
einer Gegenkontrolle.
Darum ist der Verzicht von Kontrolle ein Zeichen von autoritativen Persönlichkeiten. Wer in der Ehe und in der Familie
überall seine Finger im Spiel hat, übt versteckt oder auch
bewusst Kontrolle aus. Autoritative Persönlichkeiten können
Verantwortung delegieren. Die Stärke des Mannes wird
nicht ausgenutzt. Er zwingt nicht zur Unterordnung. Er
kann es, aber er tut es nicht.
Christen sehen Christus als das größte Vorbild für Macht-
und Kontrollverzicht. Er hatte Macht über Dämonen, Krankheiten und Stürme. Er war vollmächtig, aber nicht macht-

besessen. Er verzichtete auf zwischenmenschliche Machtdemonstrationen.

Er wusch den Jüngern nicht die Köpfe, er wusch ihnen die
Füße und ermutigte sie, das Gleiche im Zusammenleben mit
andern zu praktizieren.

Fragen zur Selbstprüfung

- Können Sie eine mögliche Mit-Abhängigkeit bejahen,
  oder wehren Sie sich mit allen Mitteln, sich als kritisch
  und problematisch einzustufen?

- Hat man Ihnen schon mal Komplimente gemacht, Sie
  seien ein „unbezahlbarer Helfertyp"?

- Haben Sie selbst immer wieder mal das Gefühl, ausgenutzt, ja ausgebeutet zu werden?

- Haben Kinder, Ehepartner, Mitarbeiter oder Gemeindeglieder Ihnen schon mal gesagt oder gezeigt, dass sie Ihre
  Fürsorge und Verantwortlichkeit als zu weitgehend erleben?

- Wurden Ihre Liebe und Hilfsbereitschaft von anderen als
  Einmischung verstanden?

- Haben sich vor allem Ihre Kinder beklagt, dass Ihre Fürsorge und Verantwortungsbereitschaft sie erdrücken?

- Fühlen Sie sich schnell überlastet in der Betreuung, Sorge
  und Fürsorge für andere?

- Sind Geben und Nehmen, Schenken und Beschenkt-Werden in Ihrem Leben einigermaßen ausgeglichen, oder kommen Nehmen und Beschenkt-Werden zu kurz?

- Haben Sie ab und zu den Eindruck, ungerecht behandelt zu werden?

- Haben Sie ein Kind, das als „Macher", „schwarzes Schaf", als „Clown" oder als „überartiges Kind" reagiert?

- Wenn Sie Ihre erzieherischen Motive überprüfen, kann es sein, dass Sie unbewusst und bisher unverstanden auch autoritäre Methoden praktizieren?

- Müssen Sie Ihre Familie im Griff haben?

- Legen Sie Wert auf Kontrolle, müssen alles wissen und über alles unterrichtet werden?

Kapitel 5

Menschen mit Autorität – 12 Einstellungsmuster

Menschen mit Autorität spiegeln keine Machtmuster wider.

- Sie können führen, aber wollen nicht bestimmen.
- Sie können überzeugen, wollen aber nicht überreden.
- Sie können Verantwortung tragen, wollen aber ihre Verantwortung nicht aufzwingen.

Wahre Autorität wird freiwillig akzeptiert, sie wird nicht übergestülpt. Wahre Autorität beinhaltet keine Machtausübung, sie beinhaltet in erster Linie Wertevermittlung.

> **Einstellungsmuster 1:**
> **Menschen mit Autorität überzeugen, sie überreden nicht.**

Eltern, Erzieher und Führungskräfte verfügen über bestimmte Informationen. Sie können ihre Argumente sachlich vortragen. Sie wollen Sachwissen vermitteln, aber nicht überstülpen. Sie wollen überzeugen, aber nicht überreden. Diese Menschen haben einen Vorsprung, den sie aber nicht raffiniert tarnen, um hintenherum ihre Macht auszuspielen. In dem Wort „Überzeugung" steckt das Wort „Zeuge". Christen sind Zeugen der Wahrheit, nicht blutrünstige Vollstrecker. Wenn es in der Kirchengeschichte tief bedauerliche Entgleisungen gegeben hat, wenn Heilige Kriege geführt wurden und Nicht-Gläubige mit Waffengewalt zum wahren

Glauben gezwungen wurden, hat das nichts mit Autorität zu tun. Könige, Fürsten und Bischöfe, die ihre Macht missbraucht haben, die mit Waffengewalt überzeugen wollten, haben Autorität teuflisch und sündhaft in den Schmutz gezogen.

Wer mit Autorität überzeugen will, nutzt nicht die Schwächen des anderen aus. Er muss nicht gewinnen und muss nicht klein machen. Er will den anderen überzeugen und nicht hilflos machen.

Einstellungsmuster 2:
Menschen mit Autorität fördern, aber verführen nicht.

Das Wort „Autorität" hängt mit dem lateinischen Wort „augere" zusammen. Es heißt so viel wie „mehren, fördern, entwickeln". Menschen mit Autorität sind Mehrer.

- Sie wollen *Wissen* vermehren.
- Sie wollen die *Bildung* vermehren.
- Sie wollen *Einsichten* vermitteln.
- Sie wollen *Zusammenhänge* verdeutlichen.
- Sie vermitteln *Hilfe zur Selbsthilfe*.

Je mehr egoistische, manipulierende und Macht ausübende Wünsche im Hintergrund des Mehrens stehen, wird der Mensch zum Verführer. Verführer in der Politik, in der Pädagogik und im Zusammenleben sind Menschen, die ausbeuten, erniedrigen und andere ausnützen. Von Alfred Adler stammt das beherzigenswerte Wort: „Wer fordert, der fördert." Dieses Fordern hat nichts mit Gewalt, mit Herrschsucht und blindem Gehorsam zu tun. Diese Forderung ist im Sinne des Kindes. Diese Forderung fördert, zum Wohl des Kindes. Diese Forderungen sind im besten Sinne des Wortes

„Nächstenliebe". Der andere wird geliebt und nicht ausgenutzt.

Einstellungsmuster 3:
Menschen mit Autorität geben Orientierung.

Viele Menschen in unseren Tagen leben orientierungslos vor sich hin. Sie stürzen sich in Aktivitäten, um der Leere zu entfliehen. Die Stille können sie nicht aushalten, weil das Gespenst der Sinnlosigkeit sie einholen könnte.
Die Spaßgesellschaft ist ein Indiz für Orientierungslosigkeit.

- Sie liebt Steine statt Brot.
- Sie liebt Zerstreuung, aber keine Sammlung.
- Sie liebt Nervenkitzel, aber keine Erfüllung.
- Sie liefert Nonsens tonnenweise, aber keinen Lebensinhalt.

Auf der anderen Seite haben Kurse über „meditative Stille", „Einkehrtage" und „Wüstentage mit Gott" Konjunktur. Das ist kein Widerspruch. Menschen ohne geistige Perspektive und ohne Lebensziele suchen nach dem wahren Sinn im Leben. Sie suchen Orientierung. Sie haben die Zerstreuung satt. Ein zielloser Aktionismus hat sie unausgefüllt gelassen. Viele sind leer. Resignation und Langeweile haben sie heimgesucht. Sie suchen Menschen mit wirklicher Autorität, keine Gurus, die sie zu egoistischen Zwecken missbrauchen. Zirkel und Sekten mit zweifelhaften Führern und lautstarken Persönlichkeiten nutzen ihre Stunde und ziehen Tausende in ihren Bann. Wir brauchen dringend echte Autoritäten, die hilfreiche Wegweisung im Dickicht der Ideologien vermitteln. Je mehr die christlichen Kreise an dieser Stelle Leuchtzeichen im Nebel der Orientierungslosigkeit vermissen lassen, desto mehr springen fragwürdige Zirkel und Sekten in diese Bresche.

Menschen mit Autorität *haben* Antworten. Menschen mit Autorität *haben* Antworten, und zwar ohne Hintergedanken und ohne Machtgelüste.

> **Einstellungsmuster 4:**
> **Menschen mit Autorität stärken den Selbstwert.**

Ein gesundes Selbstwertgefühl ist die Voraussetzung für ein inneres Gleichgewicht. Es fördert ein positives Gestimmt-Sein und fördert die Beziehungsfähigkeit. Ein gesundes Selbstwertgefühl ist das Gegenteil von Minderwertigkeitsgefühlen. Minderwertigkeitsgefühle behindern die Kooperation, sie entmutigen und verleiten zur Überkompensation. Der Mensch beginnt Macht auszuüben, er will herrschen und überlegen sein.

Autoritäre Persönlichkeiten untergraben das Selbstwertgefühl bei Kindern. Sie provozieren Minderwertigkeitsgefühle und Selbstwertstörungen. Sie wollen Kinder, die gehorchen, die sich unterordnen und sich anpassen. Bewusst oder unbewusst fördern sie ein Oben-Unten-Schema. Selbstwert und Selbstbewusstsein werden behindert und diese Erwachsenen drehen später wieder den Spieß um. Auch sie wollen bestimmen, oben sein und den Ton angeben.

Schwierigkeiten in der Kommunikation sind eng verbunden mit dem Selbstwert eines Menschen. Virginia Satir kennzeichnet Selbstwertstörungen so:

„Geringe Selbstachtung führt zu disfunktionaler Kommunikation. Wenn die Selbstachtung zu gering ist, sodass jedes Opfer für das Selbst untragbar erscheint, so wird der Prozess etwa auf der Entscheidung beruhen: ‚Wer hat Recht?‘, ‚Wer

75

wird gewinnen?', ‚Wer wird mehr geliebt?', ‚Wer wird krank werden?' Ich nenne dies das ‚Kampf- oder Kriegssyndrom'. (...) Das, was die Gesellschaft krankes, verrücktes, dummes oder schlechtes Verhalten nennt, ist in Wirklichkeit der Versuch seitens der ge-kränk-ten Menschen, die bestehende Verwirrung zu signalisieren und um Hilfe zu rufen."[1]

| **Einstellungsmuster 5:**
| **Menschen mit Autorität sind ausgeglichen.**

Gute Erzieher, die Autorität verkörpern, sind ausgeglichen. Sie lassen sich nicht leicht aus der Ruhe bringen. Ihnen gelingt es, beherrscht zu bleiben, wenn Kinder rebellieren und aus der Rolle fallen. Sie behalten Ruhe und lassen sich nicht zu Machtkämpfen herausfordern. Heiter und gelassen können sie ihr Erziehungsverhalten praktizieren, weil sie nicht darauf angewiesen sind, ihren Status herauszukehren.

Autoritäre Erzieher dulden keine verbalen Auseinandersetzungen. Sie fordern Gehorsam und verhängen sofort Strafen, wenn Widersprüche auftauchen. Sie wollen sich durchsetzen und lehnen sachliche Auseinandersetzungen ab. Wehe, wenn ihnen das Heft aus der Hand gleitet. Schwächen können sie nicht eingestehen. Wenn ihre Macht angetastet wird, ziehen sie alle Register, um ihre Überlegenheit und Stärke zu demonstrieren. Autoritäre Persönlichkeiten sind nicht ausgeglichen. Ihnen fehlt der innere Friede. Sie wirken zerrissen und leben mit sich nicht im Einklang.

Erzieher mit Autorität stellen sich ihren Kindern. Sie haben keine Angst, dass ihr Wissen, ihre Fähigkeiten und ihre Allgemeinbildung infrage gestellt werden können. Diese Menschen wissen, dass sie nicht alles wissen können. Sie bleiben ruhig, weil sie sich nicht infrage gestellt sehen. Sie bleiben ausgeglichen, weil sie ihre Überlegenheit nicht künstlich aufrecht erhalten müssen. Ihnen gelingt es, Konflikte zwischen Geschwistern und zwischen Eltern und Kindern einfühlend und sachgemäß zu lösen. Sie vermeiden es, Öl ins Feuer zu gießen. Die Bedürfnisse beider Parteien können sie anerkennen und Kompromisse schließen, die allen Beteiligten gerecht werden. Menschen mit Autorität sind keine falschen Heiligen. Niemals geben sie sich fehlerlos. Sie können Schwächen zugeben und Fehler eingestehen. Ausgeglichene Erzieher missbrauchen nicht ihre Autorität, um Widerspruch wortlos zum Schweigen zu bringen. Ihre erzieherischen Maßnahmen werden respektiert, weil sie mit den Kindern erarbeitet wurden. Sie verhalten sich gleichwertig, weil sie ihren Wert nicht unter Beweis stellen müssen. Und weil sie ausgeglichen sind, nicht unter Minderwertigkeitskomplexen leiden, können sie ihren Kindern ebenbürtig gegenübertreten.

Erzieher mit Autorität

– wirken ausgleichend,

– verbinden, statt zu spalten, und

– finden Kompromisse und verhindern Überreaktionen.

Sie zeigen innere Stärke und müssen nicht äußere Stärke zur Schau stellen. Solche Erzieher ruhen in sich und sind wertvolle Gesprächspartner für Kinder, die mit ihnen in ein reifes Leben hineinwachsen.

Herr Witte ist so ein Lehrer am Gymnasium. Er ist verheiratet, 37 Jahre alt, hat selbst drei Kinder im Alter von 12, 10 und 8 Jahren. Viele Schüler bezeichnen ihn als ihren Lieblingslehrer. Er unterrichtet Deutsch und Mathematik. Ich habe eine Familie in der Beratung, deren Kinder auch von diesem Pädagogen unterrichtet werden. Was sagen die Schüler von „ihrem Lehrer"?

- „Wir machen schon mal Blödsinn; er fährt niemals aus der Haut!"
- „Er bleibt ruhig, versteht Spaß, aber alle Schüler achten seine Art."
- „Mathematik macht mir überhaupt keinen Spaß, aber er versteht es, den Unterricht so durchschaubar zu machen, dass ich die Aufgaben kapiere."
- „Er liebt uns. Der Unterricht ist nicht nur Job für ihn. Man spürt, er will uns weiterbringen."

Alle Aussagen spiegeln wirkliche Autorität eines Lehrers wider.

Er muss nicht herrschen, er wird ernst genommen, weil er der wirkliche Förderer und Mehrer von Gaben ist, die entfaltet werden wollen.

Er fordert nicht, er fördert.

Er erzwingt keine Aufmerksamkeit, er hat sie, weil die Schüler ihn respektieren.

Einstellungsmuster 6:
Menschen mit Autorität schalten ihr Gewissen ein.

Autoritäre Personen handeln eher gewissenlos. Sie denken und handeln ich-bezogen. Die Interessen der anderen sind Nebensache. Ihre Macht und ihr Einfluss sind ihnen wichtiger, nicht aber das Gewissen. Autoritäre Menschen haben häufig ein Gewissen wie eine Viehwaage. Es schlägt erst aus, wenn dicke Brocken drauffliegen. Wer manipulieren, bestimmen und sich durchsetzen will, hat nicht selten sein Gewissen betäubt. Er benötigt es nicht. Es ist ihm lästig.

Nur Menschen, die sich Gott öffnen, können ein gutes Gewissen haben. Dem modernen Menschen geht es weithin nicht mehr darum, sein Gewissen von Schuld, Unrecht, Lüge und Sünde zu entlasten.

Der Mensch von heute will ein sauberes Gewissen haben,

... indem er sich richtig ernährt,

... indem er seinen Blutdruck nicht überstrapaziert,

... indem er die Gewichtstabelle im Auge hat, nicht aber seinen Nächsten, seinen Mitmenschen.

Menschen mit Autorität stellen sich nicht selbst in den Mittelpunkt, sie anerkennen die Autorität Gottes, sein Wort und seine Maßstäbe. Menschen mit Autorität reagieren mit Herz. Der jüdische Theologe Pinchas Lapide schreibt: „Vorerst gilt es zu klären, dass das hebräische ‚Herz‘, das über 850-mal in der Bibel Jesu vorkommt, nicht so sehr der Sitz der Gefühle und des Gemütes ist, sondern eher als das Organ der intellektuellen, rationalen Funktionen gilt, das, was wir im Deutschen als den Kopf oder als Hirn bezeichnen. Ihm entspringen vor allem die Erkenntnis und die Verstockung, die Zuneigung, aber vor allem die Willensentschlüsse und das Gewissen."

Herz und Gewissen sind eins.

Wer Herz hat, hört auch auf sein Gewissen.

Wer auf sein Gewissen hört, ist ein Mensch mit Autorität.

Einstellungsmuster 7:
Menschen mit Autorität haben Authentizität.

Authentizität meint *Echtheit*. Es ist die Fähigkeit des Menschen, „wirklich" zu sein. Er hat ein Gefühl dafür, wer er als Person ist.

- Wer echt ist, hat *Selbstwertgefühl*.
- Wer echt ist, kann sich selbst *annehmen*.

- Wer echt ist, bestätigt die Fähigkeit *Werte* zu setzen.
- Wer echt ist, besitzt die Fähigkeit Verhaltensweisen zu entwickeln, die *zu ihm passen*.
- Wer echt ist, *würdigt* andere Menschen nicht *herunter*.
- Wer echt ist, begegnet anderen Menschen nicht in *destruktiver* Weise.
- Wer echt ist, besitzt den Mut, *Risiken* einzugehen.
- Wer echt ist, besitzt den Mut, *verletzliche Gefühle* offen zu legen.

Eine autoritäre Erziehung bildet häufig Schleimer und Ja-Sager heran.
- Sie sind nicht echt, sondern *feige*.
- Sie sind nicht echt, sondern *hintenherum*.
- Sie sind nicht echt, sondern *verschlagen*.
- Sie sind nicht echt, sondern *unehrlich* und zeigen zwei Gesichter.

Diese Menschen handeln anders als sie denken. Sie reden auch anders, als sie handeln. Sie besitzen keine Echtheit. Menschen mit Autorität haben Authentizität. Sie haben auch Autonomie, Übereinstimmung mit eigenen Gefühlen und Bedürfnissen. Sie sind ein eigenständiges und unabhängiges Wesen. Wer ein eigenständiges Ich besitzt, hat Sicherheit. Er ruht in sich, muss sich nicht ständig mit anderen vergleichen. Er muss auch seinen Wert nicht dadurch beweisen, dass er anderen zu gefallen sucht.

Autoritäre Personen können herrschen und bestimmen. Sie können schlecht loben. Sie wollen selbst im Mittelpunkt stehen und Lob und Bewunderung einheimsen. Menschen mit Autorität sind die Förderer und Mehrer. Sie verstehen es, Gaben zu erkennen und Gaben zu fördern. Ihre Autorität beinhaltet, dass Kinder und Mitarbeiter sich akzeptiert und ernst genommen fühlen.

Das deutsche Wort „loben" hat wie lieben und glauben die Wurzel „liob = gut".

Loben heißt also:

– das Gute benennen,

– das Gute und Gelungene zur Sprache bringen,

– Verdienste hochheben,

– Zufriedenheit in Worte fassen.

Eltern, Lehrer und Vorgesetzte mit Autorität behandeln nicht von oben herab. Sie können Kindern und Mitarbeitern Mut machen.

Anselm Grün schreibt über das Loben:

„Wenn Manager von ihrem Führungsseminar zurückkommen und nun eifrig ihre Mitarbeiter loben, dann wirkt das oft gekünstelt. Die Mitarbeiter wittern dahinter die Absicht. Loben braucht die Nüchternheit und Ehrlichkeit. Es verlangt vor allem die Fähigkeit, wahrzunehmen, was der andere ist und was er dir und der Gemeinschaft bedeutet."[2]

Darum geht es: Wirkliche Autoritäten stellen sich nicht über andere, sondern besitzen Augenmaß und stehen in Augenhöhe vor dem anderen. Sie nehmen ihn wahr, wie er ist, und können seine Leistungen sehen und verbalisieren.

Und wer den anderen annimmt, wie er ist,
... liebt ihn,
... lobt ihn und
... fördert ihn.

Lob stärkt das Rückgrat. Es ermutigt den Menschen. Er lässt sich fördern und muss nicht gegängelt werden.

Einstellungsmuster 9:
Menschen mit Autorität sind verbindlich.

Damit ist die Fähigkeit gemeint, sich selbst festzulegen. Diese Menschen beziehen einen Standpunkt. Ihre Überzeugungen sind eindeutig. Ihre Haltung ist berechenbar. In Ehe, Familie und Gemeinde und am Arbeitsplatz haben ihre Einstellungen Profil. Sie ändern ihre Meinung nicht wie die Kleidung. Sie sagen ja und meinen ja. Sie sagen nein und meinen nein. Sie kennen allerdings auch ihre eigenen Grenzen. Haben sie sich überschätzt, und das ist menschlich, können sie ehrlich und offen ihre Schwächen eingestehen. Verbindliche Menschen sind zuverlässig. Sie reden sich bei Schwierigkeiten nicht heraus.

Der *un*verbindliche Mensch will nicht festgelegt werden. Er zieht sich immer wieder aus der Schlinge. Er sagt ja und meint nein. Wie eine Gummiwand begegnet er anderen Menschen. Jemand will ihn stellen und er greift ins Leere. Solche Menschen sind keine wirklichen Partner, keine verlässlichen Mitarbeiter.

Vielleicht hat sie eine autoritäre Erziehung raffiniert und schlitzohrig gemacht. Sie mogeln sich durchs Leben. Unehrlich sind sie den autoritären Erziehern ausgewichen.

Je mehr ein Mensch Regeln, Normen und biblische Werte

für verbindlich hält, desto verbindlicher bezieht er Stellung.
Er ist eindeutig und nicht zweideutig.
Er ist klar und nicht verschwommen.

Einstellungsmuster 10:
Menschen mit Autorität tragen Verantwortung.

In dem Begriff „Verantwortung" steckt das Wort „Antwort".
Der Angeklagte hat dem Ankläger Rede und Antwort zu stehen. Die Vorsilbe „ant" entspricht sprachgeschichtlich dem
griechischen Wort „anti = gegen". Die Antwort ist also eine
Gegenrede. Mich trifft ein Wort und ruft mich zum Gegen-
Wort. Und der Sprachforscher Friso Melzer schreibt:
„Der Höherstehende ruft den Untergebenen und verlangt
von ihm auf sein Wort das Gegenwort. Er zieht den Unter
gebenen zur Rechenschaft. Zur *Ver–Antwort–ung*. Das ist ein
personenhafter Vorgang, der sein Urbild darin hat, dass Gott
als der Herr und Richter Menschen ruft: ‚Wo ist dein Bruder
Abel?' Verantwortung lebt und wirkt zwischen Personen.
Somit können wir nicht von Selbst-Verantwortung sprechen.
Widersinnig und gefährlich ist es zu sagen: ‚Dafür über-
nehme ich die Verantwortung', solange nicht ebenso deutlich gesagt wird, wem gegenüber das geschieht." [3]
Autoritäre Personen nehmen die Verantwortung auf sich.
Das klingt positiv. Sie beugen sich nicht der Macht Gottes
und beugen das Recht. Ihr Verantwortlichsein ist ein Herr-
schaftsanspruch. Menschen mit Autorität anerkennen die
Maßstäbe Gottes. Und weil sie den Fragen des lebendigen
Gottes antworten, nehmen sie auch die Frage ihres Kindes,
ihres Partners, ihres Kollegen und Untergebenen ernst. Sie
wollen nicht herrschen, sondern dienen.

Nächstenliebe ist das Markenzeichen der Christen. Nächstenliebe ist der Generalschlüssel für ein friedliches Zusammenleben in Ehe, Familie, Gemeinde und in Völkerbeziehungen. Der Kardinalsatz des Alten und Neuen Testamentes ist das Wort: „Liebe deinen Nächsten wie dich selbst." Jesus fasst in unnachahmlicher Kunst die Nachfolge im Christsein so zusammen: „Liebe Gott über alles und deinen Nächsten wie dich selbst. In diesen zwei Sätzen steckt das ganze Gesetz und die Propheten." Er muss nicht tausend Worte machen, um den Kern des christlichen Lebens auf den Punkt zu bringen.

- Nächstenliebe beinhaltet Achtung und Respekt.
- Nächstenliebe will den anderen nicht vereinnahmen.
- Nächstenliebe will nicht das schlechte Gewissen beruhigen.
- Nächstenliebe will niemand als Objekt behandeln.
- Nächstenliebe will andere nicht abhängig machen.

Auch das andere gilt:
Nächstenliebe lässt den anderen nicht links liegen. Sie kümmert sich um den unter die Räuber Gefallenen. Autoritäres Verhalten dagegen liefert andere ans Messer oder lässt sie elend zugrunde gehen. Der Autoritäre ist ein Machtmensch. Er sieht nur seinen Vorteil.
In der Nächstenliebe kommt wahre Autorität zur Sprache. Sie kümmert sich um Arme, Kranke, Einsame und Notleidende. Kinder und Partner werden *gleichwertig* gesehen und behandelt. Arbeitgeber und Arbeitnehmer sehen sich als gleichwertige Menschen, die Achtung voreinander hegen und pflegen. In der Tat: Wahre Autorität ist Nächstenliebe.

Vorbilder sind Menschen, die ein bestimmtes Muster wider-spiegeln. Sie folgen einem Bild nach, das ihr Leben geprägt hat. Vorbilder sind Abbilder eines Urbildes. Wenn dieses Ur-bild Gott ist, besitzen sie wirkliche Autorität. Sie sind Vor-bilder und pflegen eine lebendige Beziehung zum Urbild.

Kinder brauchen Eltern, die nicht Moral predigen, anord-nen, Gebote oder Verbote erlassen, sondern dem Haus und der Familie *Vorbilder im Handeln* sind. Nicht das, was wir unseren Kindern sagen, prägt sie entscheidend, sondern die Art, wie wir sind und leben. Eltern sollen leiten, aber nicht herrschen. Autoritäten sein, aber nicht autoritär sich gebär-den. Sie sollen Erzieher und keine Kommandeure sein.

Der Vorbildcharakter kann auf viele Dinge angewendet wer-den:

- auf *Sachen* – die Arbeit, das Produkt, das wir erstellen, muss vorbildlich sein;
- auf *Eigenschaften* – der vorbildhafte Mensch ist zuverläs-sig, pünktlich und gewissenhaft;
- auf das *Handeln* – es besteht nicht in schönen Worten, sondern Wort und Tat sind weitgehend identisch;
- auf das *Leben* – Paulus hat unzählige Leiden und Strapazen im Namen Jesu erduldet. Auch im Ertragen aller auferleg-ten Beschwerden war er ein Vorbild.

Sie haben sicher von Diogenes gehört, der in Griechenland lebte und am helllichten Tag mit einer Laterne herumlief, als wenn er geisteskrank wäre. Das Licht der Sonne brachte ihm nicht genügend Helligkeit, und darum zündete er um die Mittagszeit eine Laterne an und zog damit durch die Stadt. In alle Winkel der Stadt leuchtete er hinein. Die Leute blieben selbstverständlich stehen und fragten den Weisen, was das solle: „Ich suche einen Menschen, einen wirklichen Menschen!" Diogenes suchte ein Vorbild, einen Menschen, der sauber, ehrlich, aufrecht und gradlinig mit andern zusammenlebte. Er fand keinen. Er traf nur Verzerrungen des Menschlichen. Er begegnete Menschen, die sich an Geld, Besitz und Macht versklavt hatten.

Menschen mit Autorität spiegeln eher Vorbildfunktionen wider. Sie müssen nicht herrschen, andere entwerten und mit Besitz und Macht ihr Leben ausfüllen. Menschen mit Autorität, die Gott und die Bibel ernst nehmen, sind wie „Licht für die Welt". Sie sind wie eine erleuchtete Stadt auf dem Berge. Sind wir solche Leute?

Praktiziere ich Machtmethoden?

Ein Selbsterforschungsfragebogen

	nein	etwas	ja
Manipuliere ich?			
Erkaufe ich mir Wohlwollen?			
Benutze ich Methoden der Erpressung?			
Belohne ich, um mich durchzusetzen?			
Kontrolliere ich?			
Treffe ich alle Entscheidungen?			
Versuche ich zu überreden?			
Verlange ich Gehorsam?			
Schüchtere ich Partner, Kinder und Mitarbeiter ein?			
Mache ich Menschen von mir abhängig?			

	nein	etwas	ja
Verwende ich Lügen und Unwahrheiten, um meine Ziele zu erreichen?			
Benutze ich die Sexualität als Mittel zum Zweck?			
Benutze ich Schmeicheleien, um erfolgreich zu sein?			
Verstehe ich mit Tränen Macht auszuüben?			
Setze ich Hilflosigkeit ein?			

Welche anderen Verhaltensmuster benutze ich, um mich durchzusetzen? _____
_____

Gibt es psychische Störungen oder Krankheiten, die mir helfen, mich durchzusetzen? _____
_____

Hinweise für den Fragebogen

1. Gibt es Einstellungsmuster, die Sie praktizieren, um sich gegen Partner, Kinder, Eltern, Schwiegereltern, Mitarbeiter oder Vorgesetzte durchzusetzen?

2. Welche Muster, die Sie anwenden, sind in Ihren Augen negativ, lieblos oder geistlich fragwürdig?

3. Welche Muster werden von Ihrem Gegenüber als lieblos, gemein oder destruktiv angesehen?

4. Warum können Sie auf bestimmte Muster, die Macht beinhalten, nicht verzichten?

5. Sind Sie bereit, den Selbsterforschungsfragebogen, der Sie betrifft, von Ihren Kindern, Ihrem Partner oder einem Freund/-in ausfüllen zu lassen?

6. Sind Sie bereit, eine fragwürdige Strategie in Arbeit und ins Gebet zu nehmen?

Kapitel 6

Partnerschaft und Autorität in der Familie

Familien, die Autorität bejahen und leben, sind weitgehend intakte Familien. Partnerschaft wird ständig in aller Munde geführt, aber sie ist nicht leicht realisierbar. Viele Eltern reden von Partnerschaft, scheitern aber in der Praxis.
Was beinhaltet Partnerschaft?

Partnerschaft setzt Diskussionen voraus

Kinder müssen das Recht haben, sich frei zu äußern. Sie müssen sich angstfrei untereinander mit ihren Eltern austauschen können. Viele Eltern haben selbst eine offene Gesprächsbereitschaft nicht erlebt und können sie infolgedessen nicht realisieren. Partnerschaft setzt aber voraus, dass Kindern eine eigene Meinung zugestanden wird, dass sie Kritik üben können, sich durchsetzen dürfen und dass Eltern und Kinder durchaus bereit sind, Kompromisse zu schließen. Partnerschaft setzt Diskussionen voraus, Gesprächsbereitschaft, wobei der Ausgang offen bleibt. Sind aber im Voraus schon die Urteile beschlossen, die Ergebnisse festgelegt und die Weichen gestellt, kann man von keinem freien Austausch der Meinungen mehr sprechen.
Partnerschaft verlangt, dass andere nicht unter Druck gesetzt oder verunsichert oder eingeschüchtert werden, dass man neue Gesichtspunkte gelten, sich ehrlich anregen und durch

Argumente der Kinder beeinflussen lässt. Man hört aufeinander und fegt nicht so genannte Unreife und unsachliche und kindliche Argumente autoritär vom Tisch.

Partnerschaft beinhaltet, dass ich zum Partner rückhaltlos ja sage

Ein deutscher Eheberater hat vor Jahren den Satz geäußert: „Ich kann das Wort ‚Liebe' nicht mehr hören. Ich möchte es durch ein anderes ersetzen: *Ich sage ja zu dir.*" Er hat begriffen, dass Liebe nicht in erster Linie ein Gefühl ist, sondern eine Gesinnung.
Konkret heißt das:

- Ich sage ja zu dir.
- Ich bekenne mich zu dir.
- Ich akzeptiere dich in guten und bösen Tagen.
- Ich entscheide mich für dich im Glück und im Unglück.
- Ich liebe dich in der Jugend und im Alter.
- Ich liebe dich, wenn die Haut glatt und die gute Figur passé ist.

Solche Gesinnung ist von Gefühlen unabhängig. Wer sich auf seine Gefühle verlässt, ist verraten und verkauft. Die Gefühle der Liebe sind wetterwendisch und wechselhaft; heute sind sie oben, morgen unten. Sie kommen und gehen.
Die Gefühle der Liebe sind abhängig:
– von der Stimmung,
– vom Wetter,
– vom Ärger,
– vom Schlaf,
– vom Essen,
– von den Lottozahlen,
– von Schmerzen im kleinen Zeh.

Wer sich davon bestimmen lässt, kann nicht rückhaltlos zum Partner ja sagen. Er lässt sich von Gefühlen leiten, aber nicht von der Liebe. Dazu gehört auch, dass ich den anderen annehme, wie er ist, nicht, wie er sein sollte, wie ich ihn gerne hätte. Viele Ehepaare haben am anderen ständig etwas auszusetzen. Das ist Egoismus und beinhaltet ein autoritäres Verhalten.

- Der andere soll sich meinen Vorstellungen beugen.
- Der andere soll nach meiner Pfeife tanzen.
- Der andere soll sich meinen Wünschen unterordnen.
- Der andere soll sein Eigenleben aufgeben.

Wer seine Meinungen durchpeitscht, nicht nachgeben und Kompromisse schließen kann, spielt sich zum Tyrannen auf. Wer seinen Partner *ummodeln* will, wer ihn anders haben möchte und an ihm herumerzieht, liebt ihn nicht. Er praktiziert eine autoritäre Gesinnung.

Partnerschaft beinhaltet: Die Familie bewährt sich als geistliche Zelle

Immer wieder höre ich von Eltern und Erziehern, dass die Familie für die Kindererziehung – auch für die christliche Kindererziehung – nur noch eine unbedeutende Rolle spielt. „Die Einflüsse von Kindergarten, Schule und Straße sind stärker als die der Familie. Die Kräfte von Film und Fernsehen wirken nachhaltiger. Die geheimen Miterzieher sind bedrohlicher."
So und anders lauten die Befürchtungen vieler Eltern. Sie trauen ihrem eigenen Erziehungsverhalten wenig zu. Väter und Mütter zweifeln an ihren vorbildhaften Fähigkeiten. Sie befürchten, dass ihre Beispiele von negativen Erfahrun-

gen im Kindergarten, auf der Straße und auf dem Spielplatz beiseite gefegt werden.

Ich glaube das nicht. Eine intakte Familie ist ein starker Organismus. In einer intakten Familie werden die Weichen für die Zukunft der Kinder gestellt. Eine Gesellschaft wird von der kleinsten Zelle erneuert. Ehe und Familie sind die Keimzelle des Staates und eine Gesellschaft ist so leistungsfähig wie ihre kleinste Zelle. Die Familie als kleinste Zelle ist ein Modell, in dem christliche Lebensregeln und Überzeugungen am deutlichsten gelebt werden können. Wenn Eltern und Kinder Partnerschaft praktizieren, realisieren sie eine geistliche Zelle.

Die Familie ist also eine Zelle, in der geistliche Ziele am wirkungsvollsten gelebt werden können. Allerdings ist es erforderlich, dass die Glaubensüberzeugungen nicht durch Zwang, nicht durch Überforderung und durch Erpressung vermittelt werden. In der Familie wollen Glaubensüberzeugungen gelebt, diskutiert und praktiziert werden. „Nur der Überzeugte überzeugt." Dieser Satz Pascals lässt sich am wirkungsvollsten in der Familie realisieren, wenn die Eltern versuchen, unverkrampft ein Leben aus dem Glauben zu führen. Die Familie ist auch die wirkungsvollste Gegenkraft, dem Konformitätsdruck der einsamen Masse, der außen gesteuerten Gesellschaft zu begegnen. Eltern und Kinder beeinflussen sich gegenseitig. Sie leben, spielen, denken, beten und essen zusammen. Erwachsene und Kinder tauschen ihre Gedanken aus, Gedanken über Gut und Böse, Recht und Unrecht, Wahrheit und Lüge. Sie reiben sich, sie mögen sich, sie identifizieren sich. Der christliche Erzieher – mit allen Fehlern und Schwächen – ist Leitbild, Vorbild und Beispiel für die Kinder.

- Partner sind Personen, die miteinander Pläne und Ziele entwerfen und gemeinsam realisieren.

- Partner sind Personen, die gleichwertig miteinander umgehen und sich ohne Druck respektieren.
- Partner sind Personen, die als vollwertige Teilhaber alle Fragen des Alltags und Probleme besprechen und lösen.
- Partner sind Personen, die an einem Strick ziehen, in eine Richtung gehen und Hand in Hand – ohne Bevormundung – das Familienleben gestalten.

Von einem unbekannten Verfasser gibt es ein Gedicht, das den Titel trägt: „Kinder lernen, was sie erleben".

Lebt ein Kind mit Krittelei, lernt es verdammen.
Lebt ein Kind mit Feindseligkeit, lernt es kämpfen.
Lebt ein Kind mit der Angst, lernt es Furchtsamkeit.
Lebt ein Kind mit Mitleid, lernt es Selbstmitleid.
Lebt ein Kind mit Spott, lernt es Schüchternheit.
Lebt ein Kind mit Eifersucht, lernt es Schuldgefühle.

Aber:
Erlebt ein Kind Nachsicht, lernt es Geduld.
Erlebt ein Kind Ermutigung, lernt es Zuversicht.
Erlebt ein Kind Lob, lernt es Empfänglichkeit.
Erlebt ein Kind Bejahung, lernt es lieben.
Erlebt ein Kind Zustimmung, lernt es sich selbst zu lieben.
Erlebt ein Kind Anerkennung, lernt es, dass es gut ist, ein Ziel zu haben.
Erlebt ein Kind Ehrlichkeit, lernt es, was Wahrheit ist.
Erlebt ein Kind Fairness, lernt es Gerechtigkeit.
Erlebt ein Kind Sicherheit, lernt es Vertrauen zu sich selbst und zu Gott.
Erlebt ein Kind Freundlichkeit, lernt es die Welt als guten Ort zu schätzen.

Eltern, die Partnerschaft mit Gott leben, werden auch partnerschaftlich mit ihren Kindern umgehen.

Partnerschaft in der Familie verzichtet auf Moralpredigten

Immer wieder versuchen Eltern, durch Moralpredigten ihre Kinder zu beeinflussen. Die Ängste der Eltern sind nicht unrealistisch, aber sie reizen zum Widerspruch. Schweigen und Lügen werden schnell von Kindern herausgefordert. Die guten Absichten der Eltern verleiten die Kinder zur Unwahrheit. Das Kind will die Eltern nicht kränken, handelt aber – unbeaufsichtigt –, wie es will. Mit guten Absichten und Druck wird Widerspruch erzeugt. Gute Absichten ersticken fruchtbare Gespräche zwischen Alt und Jung.

Ich war ein Jahr bei Pastor Johannes Busch, dem damaligen Bundeswart des CVJM-Westbundes und gleichzeitigem Landesjugendpfarrer von Westfalen und dem Rheinland.

Was mich in seiner Familie beeindruckte:

- Er verzichtete auf Moralpredigten.
- Er hielt nichts von gut gemeinten Drohungen.
- Er versuchte nicht, seine Kinder mit frommen Worten zu erpressen.
- Er arbeitete nicht mit einem schlechten Gewissen, das er den Kindern machte.
- Er – und seine Frau – lebten den Kindern geistliche Werte und biblische Überzeugungen vor.

- Partnerschaft mit Kindern verzichtet auf Moralpredigten.
- Partnerschaft mit Kindern verzichtet auf egoistische Motive.
- Partnerschaft mit Kindern erzieht zur Selbstständigkeit und Eigenverantwortung.

- Partnerschaft mit Kindern beinhaltet: Kinder dürfen ihre eigenen Erfahrungen machen.

Die Geschichte vom verlorenen Sohn aus Lukas 15 ist ein ausgezeichnetes Beispiel, wie ein Vater seine guten Absichten, Moralpredigten und Sorgen zurückhält und seinem Sohn vertraut. Der Junge darf seine eigenen Erfahrungen machen. Der Vater lässt ihn los, ohne ihn fallen zu lassen. Er mutet ihm zu, für sich Verantwortung zu übernehmen.

Unpartnerschaftliche Eltern

13 typische Reaktionen der Kinder
1. Widerstand, Trotz, Rebellion, Negativismus
2. Ärger, Zorn, Feindseligkeit
3. Aggression, Vergeltungsmaßnahmen, Zurückschlagen
4. lügen, Empfindungen verbergen
5. andere beschuldigen, klatschen, schwindeln
6. dominieren, herumkommandieren, terrorisieren
7. siegen müssen, ungern unterliegen
8. Bündnisse schließen, sich gegen die Eltern organisieren
9. Fügsamkeit, Gehorsam, Unterwerfung
10. einschmeicheln, um Gunst buhlen
11. Anpassung, Mangel an schöpferischer Kraft
12. Angst, etwas Neues zu versuchen; vorherige Erfolgsversicherungen benötigen
13. Rückzug, Flucht, Phantasien

Fragen an die Eltern

1. Wenn Sie die 13 Reaktionsmuster durchlesen, sind einige dabei, die auf ein Kind oder mehrere bei Ihnen zutreffen?

2. Welche Einstellungs- und Erziehungsmuster praktizieren Sie, dass bestimmte destruktive Muster sich bei Ihren Kindern einschleichen?

3. Sind Sie von diesen Mustern überzeugt oder handelt es sich um Not-Maßnahmen, weil Ihnen die Kinder auf der Nase herumtanzen?

4. Was denken Sie als Christ über Ihre unpartnerschaftlichen Beziehungsmuster? Sind Sie bereit, bestimmte Praktiken zu überprüfen und mit Gottes Hilfe in partnerschaftliche umzuwandeln?

Kapitel 7

Autorität und Führung in der Wirtschaft

Menschen und Mitarbeiter in Wirtschaftsunternehmen beklagen heute vielfach den Druck und den Stress, die ihnen zugemutet werden. Die Überbelastung ist kein Einzelfall mehr. Viele reagieren psychosomatisch, fallen in den Burnout und sind unglücklich und unzufrieden. Viele finden in Ehen und Familien keinen Ausgleich. Ihnen fehlt die innere Balance. Sie wirken und reagieren angespannt. Wenn dann in den Unternehmen Führungsprobleme hinzukommen, Schwächen auf den Leitungsebenen und Autoritätsprobleme der Vorgesetzten, dann verringert sich die Arbeitsmoral. Die Energien der Mitarbeiter werden unnötig beansprucht und die Motivation schwindet zunehmend. Wirkliche Autorität der Führungskräfte verringert solche Behinderungen. Sie baut Spannungen ab und stärkt das Vertrauen der Mitarbeiter. Wirkliche Autorität kennzeichnet die Kompetenz einer Führungskraft.

Der Mensch mit Autorität besitzt Führungsqualitäten

Führung hat in Deutschland eine schlechte Presse. Der „Führer", der unser Land in den Zweiten Weltkrieg stürzte, der sich als schlimmer Diktator entpuppte, ist eine Karikatur eines positiven Führers.

Führung wird häufig falsch verstanden.
- Führung meint nicht Willkür.
- Führung bedeutet nicht Macht ausüben.
- Führung bedeutet nicht Befehle erteilen.
- Führung meint nicht: „Alles hört auf mein Kommando!"
- Führung beinhaltet nicht Alleinherrschaft.
- Führung beinhaltet nicht sich durchsetzen auf Kosten anderer.
- Führung bedeutet zielgerichtet beeinflussen.
- Führung bedeutet kooperieren können.
- Führung bedeutet andere Menschen motivieren können.
- Führung bedeutet, mit andern zurechtzukommen.
- Führung bedeutet, die persönliche Verantwortung zu übernehmen.
- Führung bedeutet, die Richtung zu bestimmen.
- Führung bedeutet Eigenständigkeit haben und Standfestigkeit besitzen.

Führung spiegelt Koordinationsfähigkeiten wider. Sie ist ein Beispiel für Teamfähigkeit. Wer führen kann, bündelt die Meinung der anderen. Er nimmt die Kritik ernst und greift Anregungen auf. Niemals überrollt er die anderen. Er versteht es, sich abzustimmen und die Entscheidungen zu treffen.

Ist man zum Führen geboren?

Früher dachte und sagte man: „Führer werden geboren, nicht gemacht." Nein, Führen-Können ist eine Frage der Schulung. Heute sagen Sozialwissenschaftler, dass Führungsqualitäten durch Erziehung und Ausbildung erworben werden. Vor allem, dass Führerqualitäten eine Interaktion zwischen Führern und Gefolgschaft sind. Führer kann nur sein, wenn Gefolgsleute da sind. Führung muss akzeptiert werden. Wo Führer die Bedürfnisse der Mitarbeiter und Untergebenen nicht befriedigen, werden sie abgewählt oder nicht anerkannt.

Die Zeiten der autoritären Machtausübung sind vorbei. Die charismatische Ausstrahlung eines patriarchalischen Übervaters gehört der Vergangenheit an. Vorgesetzte, die es nicht verstehen, die Bedürfnisse ihrer Mitarbeiter zu sehen, zu hören und ernst zu nehmen, sind keine herausragenden Vorgesetzten.

Ein effektiver und kompetenter Führer nimmt also die Beziehungen zu seinen Leuten ernst und befriedigt gleichzeitig die Bedürfnisse der Firma. Das verlangt Flexibilität und Fingerspitzengefühl. Es ist kein leichtes Geschäft, die unterschiedlichen Bedürfnisse beider Parteien zu gewährleisten.

Führer müssen gute Problemloser sein. Denn Probleme gibt es laufend. Niemals sind das Zusammenleben und das Zusammenarbeiten im Unternehmen reibungslos. Einem effektiven Führer gelingt es, die Produktionskraft zu maximieren und für eine gegenseitige Bedürfnisbefriedigung zu sorgen.

Die Führungskraft muss Rechenschaft ablegen. Sie ist verantwortlich für den Erfolg und den Misserfolg ihrer Arbeitsgruppe.

Der ehemalige Präsident der Vereinigten Staaten, Harry Truman, hatte ein Schild auf seinem Schreibtisch stehen: „Hier bleibt der schwarze Peter hängen." So ist es. Diesen Spruch sollten sich alle Chefs zu Eigen machen. Sie tragen Verantwortung und müssen Rechenschaft ablegen. Die Führungskräfte, die ihre Mitglieder und Mitarbeiter an der Entscheidungsfindung beteiligen, sind nicht aus dem Schneider. Aber sie gewährleisten, dass Verantwortung nicht einseitig wahrgenommen wird. Wenn Führungskräfte lernen, Problemlösungen *miteinander* zu besprechen, haben sie es leichter, Rechenschaft für ihr Tun abzulegen. Wehe, wenn die Führungskraft Alleinverantwortung und Allwissenheit praktiziert. Problemlösungen der Führungskraft beinhalten, *mit* den Beteiligten eine Lösung zu erarbeiten und Hilfe zur Selbsthilfe anzubieten. Mitarbeiter müssen lernen, dass sie ihre Probleme nicht einfach auf den Vorgesetzten abschieben, sondern ernsthaft daran arbeiten, selbst die Lösung des Problems in die Hand zu nehmen.

- Menschen mit Führungsqualitäten praktizieren Selbstkontrolle.
- Menschen mit Führungsqualitäten demonstrieren eine entspannte Sicherheit.
- Menschen mit Führungsqualitäten zeigen keine Dominanzsignale.
- Menschen mit Führungsqualitäten stehen weniger unter Stress.

Stress bedeutet jeweils: mehr Zeitdruck, mehr Ärger, mehr Überraschungen, erhöhte Körperspannung und eine schärfere Stimme.

Führen und managen

Häufig werden beide Begriffe in einem Atemzug genannt. Sie können viel gemeinsam haben. Prinzipiell handelt es sich um zwei verschiedene Prinzipien. Manager handeln nach bestimmten Arbeitsmethoden. Unternehmen werden strukturiert und organisiert. Der *Erfolg* ist das Ziel des Managers. Der Manager ist in erster Linie an der Leistung orientiert. Er will die richtigen Produkte zur richtigen Zeit an den richtigen Mann oder die Frau bringen. Er will und muss besser, schneller und attraktiver sein. Christliche Prinzipien, moralische Maßstäbe und soziale Leitsätze werden leicht dem Erfolgsdruck untergeordnet. Von vielen Managern habe ich in Konfliktsituationen oft den Satz gehört: „Wir sind nicht die Caritas oder ein diakonisches Werk." Soll das heißen, dass soziale und moralische Überzeugungen, die das Zusammenleben bestimmen sollen, vernachlässigt werden? Wer gleichgültig diese Grenzen verletzt, gilt vielleicht als „knallharter" Manager, aber nicht als Führungskraft mit ethischen Prinzipien.

Der Manager ist viel stärker als die Führungskraft in der Familie, der Gemeinde und im Betrieb an Umstände gebunden. Führen beinhaltet, dass emotionale, moralische und soziale Ziele die Führungskraft binden. Sie will und muss Ziele, Werte und Sinn vermitteln. Und in Konfliktsituationen kann sie Versöhnungsstrategien praktizieren. Die Probleme der Mitarbeiter werden gehört und ernst genommen. Konstruktive Kritik wird angenommen und bearbeitet. Problematische Beziehungen werden friedlich gelöst. Der Unternehmensberater Paul Donders formuliert den klassischen Satz: „Wer sich selbst nicht führt, kann auch andere nicht führen."

Sind autoritäre Personen wirklich groß?

- Viele Große werden bewundert.
- Viele Große werden beneidet.
- Viele Große werden gefürchtet.

Hinter ihren Masken verbergen sich Minderwertigkeitsgefühle und Schwächen. Sehr eindrücklich beschreibt der flämische Ordenspriester Phil Bosmans die Großen:
„Große Menschen wissen nicht mehr, was in ihrem Leben

wichtig ist. Sie meinen, wichtig seien viel Geld und viel Macht, ein Haus, ein Titel, eine einflussreiche Position. Wenn sie etwas sehen, das ihnen gefällt, fragen sie gleich: ‚Was kostet das und wie bekommt man das?' Sie wollen haben, reich werden, etwas Großes tun. Es ist zum Lachen, denn in Wirklichkeit sind sie klein und beschränkt in ihrer engen, von Gier und Gewalt beherrschten Welt."[1]

Autoritäre Große sind problematische Große. Ihr Denken kreist um Haben, um Gier und Gewalt. Sie werden bewundert und gefürchtet. Sie werden beneidet und gemieden.

- Sie wollen nehmen und nicht geben.
- Sie wollen führen und nicht fördern.
- Sie wollen gelten und nicht geben.

Wirkliche Größe muss nicht protzen. Sie muss sich nicht zeigen und aufspielen. Große mit Autorität erleben ihre Gaben als Geschenk. Sie wollen teilen und mitteilen. Selbst sind sie reich und wollen andere reich machen. Dabei geht es nicht um Geld und Besitz, sondern um inneren Reichtum, der bewusst gemacht werden muss. Viele junge Menschen warten darauf, geweckt und gefördert zu werden. Gott hat alle Menschen mit Gaben und Fähigkeiten beschenkt. Aber diese Schätze müssen gehoben werden. Wirklich große Menschen interessieren sich für andere. Nicht um ihren Geltungsdrang zu befriedigen, sondern um Kleinen und Erwachsenen zu helfen. Ihr Interesse an anderen wird vorwiegend von Liebe und Mitmenschlichkeit angetrieben.

Albert Schweitzer – um ein Beispiel zu nennen – war ein wirklich Großer. Eines der großen Universalgenies unserer Zeit. Er nutzte seine Gaben nicht, um ehrsüchtig und egoistisch seinen Namen groß zu machen. Er ging nach Afrika, um Kranken und Hilflosen beizustehen. Er nutzte das große Geschenk Gottes, um es anderen weiterzugeben.

Autorität gilt im Kleinen wie im Großen. Sie gilt für Mütter und Männer und sie gilt für Mächtige und Manager. Wahre Autorität beinhaltet eine Vorbildfunktion. Wenn Unternehmer als große Vorbilder funktionieren, dann stimmt auch die Leistung der Mitarbeiter. Menschen orientieren sich an ihren Vorgesetzten und Führern. Sie ahmen sie nach, und je besser das Vorbild, desto besser die Mannschaft. Schon Konfuzius wusste um diesen Zusammenhang und lehrte: „Des Fürsten erste Pflicht ist es, ein Vorbild zu sein für alle Bewohner seines Reiches." Erfolgreiche Unternehmer, die das wissen, handeln entsprechend.

Der Unternehmensberater Prof. Peter May schreibt:

„Ein Unternehmer etwa, der seine Mitarbeiter zur Sparsamkeit erziehen will, darf selbst keinen aufwendigen Lebensstil pflegen. Wer selbst 2. Klasse reist, kann dies auch von seinen Mitarbeitern verlangen. ‚Wir müssen werden, was wir lehren möchten', hat der amerikanische Psychologe Nathanil Branden zu Recht gefordert. Oder anders ausgedrückt: Wir müssen tun, was wir sagen, und wir müssen sein, was wir tun." [2]

May beschreibt den Lebensstil von Theo Albrecht, einem der beiden Aldi-Brüder. Er benutzte jahrelang noch die alten Briefbögen, obwohl längst das Postleitzahlsystem in Deutschland eingeführt war. Er hatte die alten Zahlen durchstreichen lassen und durch neue ersetzt. Er lebte Sparsamkeit vor. Er war und blieb ein Vorbild. Unternehmer mit Autorität sind Vorbilder. Nur ein vertrauenswürdiger Unternehmer kann ein vertrauenswürdiges Unternehmen über längere Zeit führen und durch Dick und Dünn leiten. Wer sich verstellt, wer anders lebt, als er spricht, wird von seinen Mitarbeitern schnell als unehrlich entlarvt. Autoritäten, die Vorbildcharakter haben, prägen ihre Mitarbeiter mehr, als sie selbst ahnen.

Wie wirkt sich Macht, die von Führungskräften angewandt wird, auf sie selbst und auf die Beziehungen zu anderen aus?

- Angewandte Macht weckt Widerstand in den Menschen, die mit Vorgesetzten, die sie praktizieren, zu tun haben.
- Angewandte Macht erfordert viel Zeit, Nerven und Energie, mit Widerstand fertig zu werden.
- Angewandte Macht verleitet ihren Inhaber zu der Rechtfertigung, sie kämen zu schnellen Problemlösungen und schnelleren Entscheidungen.
- Angewandte Macht, die in „einsamen Entscheidungen" der Führungskraft deutlich wird, führt zu passivem Widerstand und zu geschicktem Unterlaufen von Anordnungen.
- Angewandte Macht demotiviert die Mitarbeiter. Sie gewinnen das Gefühl, unterlegen und lediglich „ausführendes Organ" zu sein.
- Angewandte Macht zwingt den Vorgesetzten schließlich, den „Polizisten" zu spielen, um seine Anordnungen zu kontrollieren.
- Angewandte Macht fördert die Entfremdung zwischen Führungskraft und Mitarbeiterschaft. Alle persönlichen Beziehungen verschlechtern sich. Viele Vorgesetzte beklagen sich zu Recht, dass sie an der Spitze allein stehen.
- Angewandte Macht vergrößert den Stress, den die Führungskraft gewollt oder ungewollt angestellt hat.
- Angewandte Macht überfordert die leitenden Kräfte. Sie liegen ständig auf der Lauer, beobachten ihre Mitarbeiter und haben das Gefühl, sich schützen zu müssen. Sie leiden unter der Vorstellung, dass andere ihnen die Macht streitig machen wollen.
- Angewandte Macht kann Mitarbeiter und Untergebene

dazu verleiten, sich zu revanchieren. Aus dem Miteinander ist ein Gegeneinander geworden.

- Angewandte Macht bereitet sich selbst die Hölle. Folgen des Machtmissbrauchs sind: Argwohn, Verfolgungswahn, Spannung, Schuld und Angst und die unterschiedlichsten psychosomatischen Störungen.
- Angewandte Macht beinhaltet, dass der Einfluss auf die Mitarbeiter schwindet. Denn Druck erzeugt Gegendruck und Macht erzeugt den Machtkampf.
- Angewandte Macht der Führungskraft provoziert den Rückzug der Mitarbeiter. Sie vermeiden alle Kontakte und schaffen eine feindliche Distanz.
- Angewandte Macht der Führungskraft schweißt die Mitarbeiter zu Koalitionen gegen den Chef zusammen. Das Arbeitsklima verschlechtert sich zusehends, die Produktion verschlechtert sich zusehends.

Deutlich wird: Die autoritäre Machtentfaltung ist kein Mittel, ein Unternehmen erfolgreich zu leiten. Macht, die negativ ausgeübt wird, stört das Betriebsklima, untergräbt die Beziehungen zu den Mitarbeitern, schmälert die Produktionskraft und fördert den Di-Stress bei allen Beteiligten. Wahre Autorität hat mit Macht wenig zu tun.

Wenn Führungskräfte sich mit schüchternen Menschen umgeben

Chefs, die bestimmen und die das Sagen haben wollen, umgeben sich gern mit schüchternen Menschen. Die eigene Autorität ist angeknackst. Sie erleben sich schnell als unterlegen, reagieren mit Minderwertigkeitsproblemen, wollen aber als Chefs beachtet und geachtet werden.
Schüchterne Mitarbeiter müssen nicht dumm sein. Ihre Leis-

tungen können überdurchschnittlich sein, aber ihr Auftreten ist durch Schüchternheit gekennzeichnet. Schüchternheit ist ein sozial-psychologisches Phänomen. Es ist das Produkt einer individuellen Sozialisation.

Der international bekannte Sozialpsychologe Philip Zimbardo kommentiert dieses Verhalten im Verhältnis zum Kontrolleur. Er hat viele Studien im Gefängnis gemacht und schildert die Wärter und die Gefangenen:

„Die Funktion von Wärtern in Gefängnissen besteht darin, dass sie eine große Anzahl von Gefangenen managen, kontrollieren. Dieses Menschen-Management ist nur dann erfolgreich, wenn die Kontrollierten gehorsam gemacht werden, wenn sie den Vorschriften folgen.

Es ist die Aufgabe der Kontrolleure, die Gefangenen dahin zu bringen, dass sie gehorsam sein wollen, dass sie ‚gute Gefangene' sein wollen. Wenn das einmal gelungen ist, dann – und das ist das Interessante – müssen die Kontrolleure nicht länger ihre Autorität herauskehren. Die Kontrolle ist dann ‚im Gefangenen' selbst. Die Gefangenen kontrollieren sich gegenseitig.

Im Hörsaal beispielsweise gilt Ähnliches. Ich habe manchmal in einer Vorlesung 600 Studenten. Wenn jeder reden würde während der Vorlesung, müsste ich sofort aufhören. Ich sehe die Kommilitonen des ‚Störers' an. Die üben dann schon Druck auf die Schwätzer aus." [3]

Ein raffiniertes System, das sich abspielt. Die Problematik Wärter – Gefangener lässt sich mühelos ins Unternehmen übertragen. Chefs, die „gute Mitarbeiter" haben wollen, praktizieren eine ähnliche Methode. Sind viele Mitarbeiter durch delegierte Kontrolleure gewonnen worden, spielt sich die Kontrolle plötzlich in den Mitarbeitern selbst ab.

Das oberste Ziel aller autoritären Führungskräfte ist das reibungslose Managen von Menschen. Es geht am leichtesten, wenn Mitarbeiter es zulassen und das System nicht infrage stellen. Der schüchterne Mitarbeiter gibt seine Freiheiten auf. Er wird kontrollierbar und kontrolliert fortan sich selbst und andere.

Zimbardo ist der Meinung, so wie Menschen unter Stress leichter anfällig für Krankheiten werden, ist der Schüchterne anfällig für Führungskräfte mit Herrscherallüren. Schüchterne Mitarbeiter suchen geradezu Strukturen, in denen autoritäre Beziehungen den Vorrang haben.

Schüchterne Mitarbeiter sind nicht die Initiatoren von Prozessen. Aber wenn es um Kontrolle und Überwachung geht, die gegenüber Vorgesetzten verantwortet werden müssen, sind sie hervorragende Mitarbeiter. Schüchterne Mitarbeiter sind für Führungskräfte mit Herrscherallüren eine große Versuchung. Sie geben ihre Freiheit auf und bekommen dafür Sicherheit, die sich häufig als Illusion entpuppt. Schüchterne Mitarbeiter sind in der Tat das Rohmaterial für autoritäre Führer.

Wie wird Schüchternheit erzogen, wenn sie nicht anlagebedingt ist? Sie wird gefördert, wenn ständig Leistungs- und Bewertungsmaßstäbe im Raum stehen. Wer das Gefühl hat, ständig geprüft zu werden, wird schüchtern. In unserer Gesellschaft spielen überall die Gedanken an Wettbewerb, Leistung und Scheitern eine Rolle. Versagensangst und Schüchternheit sind Instrumente sozialer Kontrolle. Noch einmal Zimbardo:

„In Japan ist Schüchternheit sehr stark ausgeprägt. Ein Versagen schreibt sich der Japaner selbst zu, Erfolge werden der Gruppe gut geschrieben. In Israel das genaue Gegenteil: Kinder werden dort für die geringsten Leistungen überschwänglich gelobt. Scheitern oder Versagen wird externalisiert (nach draußen verlegt), den Umständen zugeschrieben. Ich habe geglaubt, dass nur relativ wenige Menschen schüchtern sind.

Es sieht nun so aus, dass in Amerika 40 % der Bevölkerung sich für schüchtern halten."[4]

Was macht Schüchternheit bedenklich?

- Schüchternheit wird von den meisten Menschen, die betroffen sind, als schmerzlich empfunden.
- Schüchternheit ist immer in den Augen sozialer Kontrolleure etwas Wünschenswertes.
- Schüchternheit schafft keine Gleichwertigkeit unter Menschen; sie unterstützt die Distanz.
- Schüchternheit verhindert, dass die Gaben und Begabungen, die der Mensch in sich trägt, zur Entfaltung kommen.
- Schüchternheit zerstört die zwischenmenschliche Kommunikation.
- Schüchternheit ermutigt autoritäre Führungskräfte, ihrem Führungsstil treu zu bleiben.

Management by face and vision

Auch in der Wirtschaft ist Autorität gefragt. Führungskräfte in der Wirtschaft sollen genau die Einstellungen repräsentieren, die Menschen mit Autorität kennzeichnen.

Der Unternehmer Friedrich Schock charakterisiert die Forderung mit seinen Worten:

„Die Zeit christlicher Führungskräfte ist im Kommen. Christen sind nicht am Gehen. (...) Gefragt ist wieder die Führungspersönlichkeit mit Visionen und Ideen, mit Mut und Moral. Aus der Rezession tauchen jetzt die zur Krisenbewältigung und zur Schaffung neuer Arbeitskräfte nötigen, altmodischen Begriffe wieder auf wie: Ehrlichkeit, Sparsamkeit, Mut zum Risiko, Gewissen, Weisheit, Phantasie, Begeisterungsfähigkeit und innere Harmonie. Wenn diese seit Jahrtausenden erprobten Werte mit den modernen Methoden der Information, Wissenschaft und Technik gepaart werden, dann ergibt sich als Kennzeichen solcher Führungskräfte wiederum eine Einheit von Charakter, Wissen und Können, welche die Gründer- und Pioniergeneration ausgezeichnet hat." [5]

Management ist durch Glaube und Vision gekennzeichnet. Schöpferische Ideen und Kreativität, verbunden mit einem handfesten christlichen Glauben, so habe ich Friedrich Schock verstanden. Mut und Moral gehören zusammen. Kreativität und „altmodische Werte" sind unzertrennlich. Ich kennzeichne diese Forderung an Führungskräfte mit „Autorität". Wer Autorität besitzt, will nicht allein regieren, fördert die Gaben seiner Mitarbeiter, motiviert sie zum vernetzten Handeln, lässt ihnen viel Spielraum zum Entwickeln neuer Ideen und Visionen. Auch in den Führungsetagen von Wirtschaft und Gesellschaft wird die Autorität neu entdeckt.

Wirtschaftsfachleute bestätigen, was heute dringend gesucht wird:
- Führungskräfte, die teamfähig sind;
- Führungskräfte, die sich interdisziplinär ergänzen;
- Führungskräfte, die kooperativ zusammenarbeiten;
- Führungskräfte, die Führung akzeptieren;
- Führungskräfte, die Vertrauen aufbauen können;
- Führungskräfte, die konstruktiv Feed-back geben können;
- Führungskräfte, die flexibel verschiedene Rollen übernehmen können;
- Führungskräfte, die eine gesunde Selbsteinschätzung realisieren;

- Führungskräfte, die eine große geistliche, seelische und körperliche Mobilität mitbringen.

Schauen wir uns einige Tugenden genauer an, die Führungskräfte mit Autorität kennzeichnen.

Führungskräfte können motivieren

Der Begriff „Motivation" taucht in Schulen und in der Wirtschaft immer häufiger auf.

- Motivation meint *Lernbereitschaft.*
- Motivation meint *Lernfreudigkeit.*
- Motivation ist der *Motor zum Lernen.*
- Motivation ist *Interesse, Freude und Angesprochen-Sein.*

Führungskräfte, die Autorität widerspiegeln, können beeinflussen und ermutigen. Der Motivator beeinflusst seine Mitarbeiter zum Wohl aller, auch zum Wohl des Unternehmens. Wir unterscheiden eine *primäre* Motivation und eine *sekundäre* Motivation.

Primär motiviert sind wir,

... wenn wir in der Freizeit kreativ sind;

... wenn wir in Ehe und Familie unsere Interessen pflegen können;

... wenn wir angeregt und intensiv unsere persönlichen Wünsche befriedigen.

Primäre Motivation ist wichtig. Der Mensch muss zufrieden, in sich ruhend und ausgeglichen an die Arbeit gehen können. In der Arbeitswelt ist von der sekundären Motivation die Rede. Führungskräfte, die die primäre Motivation bejahen, die auch am Erleben und am Sich-wohl-Fühlen des Mitarbeiters interessiert sind, können umso mehr die Leistungsbereitschaft des Mitarbeiters ansprechen.

- Motivation ist Anleitung zum *Selbst-Arbeiten*.
- Motivation ist Anleitung zum *Selbst-Finden*.
- Motivation ist Anleitung zur *Selbstausführung*.

Untersuchungen haben ergeben, dass
- 80 % von dem, was einer *gehört* hat,
- 70 % von dem, was einer *gesehen* hat,
- 50 % von dem, was einer *gehört und gesehen* hat,
- 10 % von dem, was einer *selbst ausgeführt* hat, vergessen werden.

Aufgaben, die der Mitarbeiter aus eigener Kraft gelöst, und Probleme, in die er sich hineinvertieft hat, bleiben haften. Gelingt es Führungskräften Mitarbeiter zu bewegen, sich mit Neugierde und detektivischem Spürsinn an Aufgaben heranzumachen, ist der Erfolg am größten.
Es liegt auf der Hand, dass sich nur *glückliche* Mitarbeiter geistig und beruflich entfalten können. Das individuelle Glück, Zufriedenheit und Wohlbefinden sind unschätzbare Motivatoren für die Mitarbeit im Betrieb. Seelischer Druck und Unzufriedenheit blockieren die Motivation im Unternehmen. Für Führungskräfte ist es wichtig, die primäre Motivation des Mitarbeiters zu fördern.
Nur *die* Führungskräfte können motivieren, die nicht den Boss herauskehren, Furcht und Angst verbreiten, manipulieren oder mit Drohungen arbeiten. Die Autorität wird missbraucht. Autoritäre Methoden kommen ans Licht.

Die Motivation wird gehindert

... wenn Führungskräfte den Mitarbeitern zu verstehen geben, dass ihre Anstrengungen keine Aussicht auf Erfolg haben;

... wenn Führungskräfte dem Mitarbeiter sagen: „Sie werden das niemals begreifen";

... wenn Führungskräfte dem Mitarbeiter sagen: „Wenn Sie kein Interesse haben, lassen Sie es bleiben!";

... wenn Führungskräfte dem Mitarbeiter sagen: „Bis Ende des Jahres sehe ich mir Ihre Arbeitslust noch an, dann treffen wir eine Entscheidung."

Autorität und Manipulation

Menschen mit echter Autorität bemühen sich, nicht zu manipulieren. Die Manipulation ist eindeutig ein autoritäres Unterfangen, eine Kommunikationsstrategie, um Menschen zu beeinflussen. Besonders in Unternehmen, die Gewinne machen wollen, wird die Grenze zur Manipulation schnell überschritten. Wer manipuliert,

... nutzt die Unsicherheit des Mitarbeiters aus,

... missbraucht die Gutmütigkeit und Naivität,

... setzt egoistische Ziele auf Kosten anderer durch,

... will andere dazu bringen, sich schuldig zu fühlen,

... will anderen die Verantwortung aufzwingen,

... will Streit und Zwietracht säen,

... will sich selbst als Opfer darstellen.

Jeder weiß, in der Werbung wird manipuliert. Schädliche Zigaretten, gen-verseuchte Lebensmittel und süchtig machende Alkoholika – um nur drei Stoffe zu nennen – werden mit gewaltigem PR-Aufwand an den Mann und an die Frau gebracht. Es geht darum, Menschen willig zu machen, zu verführen, so dass sie gegen ihre Überzeugung handeln. Der Manipulierte gerät unversehens in Abhängigkeit zum Manipulator. Häufig wird die Verführung zu spät erkannt. Der Manipulierte wird in seiner Freiheit und in seiner Entscheidungsfähigkeit gehindert. Viele Tricks und fragwürdige Methoden werden praktiziert, um Menschen zu manipulieren. Einige auffällige Typen können so beschrieben werden:

Typ 1: Der sympathische Gewinnertyp
Er erscheint konfliktfreudig. Komplimente verströmt er wie ein verführerisches Parfum. Geschickt wendet er sich dem anderen zu. Dem Gegenüber fällt es schwer, sich abzugrenzen, weil er so sympathisch wirkt. Die sympathische Führungskraft weiß, dass sie sympathisch ist, und nutzt diese Begabung auf der ganzen Linie aus.

Typ 2: Der charmante Eroberer
Er arbeitet mit Witz, Charme und Leichtigkeit. Sein Auftreten ist locker, sein Äußeres gepflegt, das Herz des Gegenübers ist schon angerührt, weil er es versteht, Herzen im Sturm zu erobern. Er fühlt sich wie Cäsar, der glaubt, den Rubikon schon überschritten zu haben. Seine Devise lautet: veni, vidi, vici (ich kam, sah und siegte).

Typ 3: Der Helfer
Er biedert sich an. Seine Hilfe kommt ungebeten. Er verpflichtet andere Menschen, die sich zu Gegenleistungen animiert fühlen. Ihre Hilfe weckt Schuldgefühle bei anderen. Sie geben, mit dem Ziel, zu nehmen. Ihre Helferattitüde ist egoistisch gefärbt. Sie verstehen es meisterhaft, Dankbarkeit in andern zu erzeugen.

Typ 4: Der Überlegene
Er versteht es, Eindruck zu machen. Er glänzt mit Themen, von denen andere nichts verstehen. Gekonnt bringt er immer wieder Gesprächsstoff ins Spiel, der imponiert. Andere halten ihn für so überlegen, dass sie sich ihm auf Anhieb unterlegen fühlen. Die Überlegenheit wird geschickt und manipulativ ausgenutzt. Die anderen schweigen lieber still und schlucken, weil sie glauben, ihm nicht gewachsen zu sein.

Typ 5: Der Herrscher
Er hat ein selbstsicheres Auftreten. Seine Anordnungen sind kurz und jagen Respekt, um nicht zu sagen Angst ein. Schnell wird er aggressiv und setzt andere unter Druck. Wer sich mit ihm anlegt, hat schlechte Karten. Er gibt sich eher distanziert, vermeidet jede kumpelhafte Art, um die überlegene Respektsperson zu bleiben. Er ist die Führungskraft, die das auch anderen demonstrieren will. Er herrscht, weil er diese Art von Manipulation für angemessen hält.

Zweifellos gibt es noch mehrere Facetten, um Mitarbeiter und Untergebene zu manipulieren. Ohne Manipulation ist das zwischenmenschliche Leben nicht möglich. Manipulation hat darum auch etwas mit unserer Charakterstruktur zu tun. Sie ist zum Teil anlagebedingt und jeder Mensch *benutzt* sie, um auf seine Weise das Leben zu meistern und sich im Wirtschaftsleben durchzusetzen. Führungskräfte, die wirkliche Autorität realisieren wollen, müssen sich prüfen, wo ihre Verhaltensmuster zu egoistischen Praktiken entarten. Als Christen wissen sie genau, wo sie Maßstäbe der Bibel übergehen. Autoritäre Einstellungsmuster sind ganz sicher dem Autoritativen entgegengesetzt.

In der hierarchischen Welt, wo von oben nach unten gedacht wird, wo auch die Beurteilungen von oben nach unten gehen, kommt es überproportional zum Machtmissbrauch. Eine Methode, die autoritäres Verhalten schmälert, ist das „360-Grad-Feed-back". Es handelt sich um eine Rückmeldung von mehreren Seiten.

Das Feed-back bekommt die Führungskraft
– von Kollegen,
– von Mitarbeitern,
– von Vorgesetzten und
– durch sich selbst.

Diese Methode ist gerechter und ehrlicher. Die Leistung wird messbarer, aber auch das Verhalten wird an diesem System miterfasst. Die Persönlichkeitsentwicklung gehort mit ins Profil der Führungskraft. Neben den Beurteilungen durch andere wird auch das Selbstbild der Führungskraft erhoben und dem Fremdbild gegenübergestellt. Diese vielfältigen Beurteilungskriterien sorgen dafür, dass autoritäre Führungsmethoden erkannt und genannt werden. Dieses Prinzip lässt sich nur da durchführen, wo Unternehmen bereit sind, ihre gesamte Führungsstruktur transparent zu machen. Jede Transparenz beugt dem Missbrauch der Führungskraft durch Macht vor. Wirkliche Autorität wird gefördert.

Menschen mit Führungsqualität realisieren Werte

Ein guter Unternehmer, der vertrauenswürdig seinen Kunden begegnet, gleichwertig seine Mitarbeiter behandelt und ein kompetentes Modell für effektives Führen realisiert, verkörpert Autorität. Autoritäten, die wiederum der höchsten Autorität – nämlich Gott – verantwortlich sind, identifizieren sich mit Werten.

Die Bestseller-Autoren Ken Blanchard, Bill Hybels und Phil Hodger haben in einem Buch ein revolutionäres Modell von Führung entwickelt, das alle bekannten Management-Modelle auf den Kopf stellt. Die Autoren sprechen von „dienender Führung".

In einer Checkliste fassen sie die Charaktereigenarten von Führungspersonen zusammen, die Autorität besitzen und Werte ernst nehmen. In einem Abschnitt dieser Checkliste, bei der es auch um Werte geht, heißt es:

„Führungspersonen mit einem dienenden Herzen haben bestimmte Charaktermerkmale und Werte:

- Mein Hauptziel ist das Wohl der Menschen, die ich führe.
- Es befriedigt mich persönlich, das Wachstum und die Entwicklung der Menschen zu beobachten, die ich führe.
- Ich empfinde liebevolle Fürsorge für die Menschen, die ich führe.
- Ich möchte zur Verbindlichkeit angehalten werden. Ich frage: ‚Haben meine Bemühungen den Bedürfnissen der Menschen entsprochen, die ich führe?'
- Ich bin bereit zuzuhören. Ich lege Wert auf Feed-back und Ratschläge – auf alle Informationen, die mir dabei helfen, anderen besser dienen zu können.
- Ich habe mein Ego unter Kontrolle, ich denke deshalb nicht geringer von mir, ich denke deshalb nur weniger an mich. Ich lasse Gott nicht außen vor." [6]

Führungskräfte, die sich auf Gott verlassen, wollen *dienen* und nicht herrschen. Sie kümmern sich um *andere* und nicht in erster Linie um sich selbst. Sie setzen den *anderen* und nicht sich selbst in den Mittelpunkt. Diese Leitlinien zahlen sich aus. Mitarbeiter und Kunden gewinnen Vertrauen. Wer unter Führen Herrschen und Bestimmen versteht, wird diesem Modell keinen Glauben schenken. Wer Gott in sein Denken, Planen und Handeln einbezieht, wird mit diesem Modell neue Erfahrungen machen.

Menschen mit Autorität vermeiden Mobbing

In vielen Firmen gibt es unangenehme Kriegsspiele, die in einem hohen Maße die Wirtschaft schädigen. Es gibt
– Fehlzeiten,
– Kündigungen,
– Fluktuation in der Mitarbeiterschaft,
– Versetzungen,
– Dienst nach Vorschrift,
– „innere Kündigungen" und
– Rechtsstreitigkeiten.

Bisher gibt es keine exakten Zahlen, wie viel Mobbing die Wirtschaft kostet. Fachleute errechnen Kosten pro Mobbingfall von 30.600,– EUR bis 35.800,– EUR. Der Begriff „Mobbing" ist abgeleitet von dem englischen Verb „to mob", das so viel bedeutet wie „über jemanden herfallen" bzw. „sich auf jemanden stürzen" oder „anpöbeln". Im Arbeitsprozess werden Kollegen tyrannisiert und schikaniert. Besonders in der öffentlichen Verwaltung und im Bereich Erziehung und Unterricht wird gemobbt. Warum ist das in den genannten Bereichen so? Weil dort ausgeprägte Hierarchien existieren. Die Struktur von oben nach unten bietet sich an. Autoritäre Strukturen, die gelernt und praktiziert werden, fördern das Mobbing-Klima.
Eine beliebte Variante des Mobbings ist das „Bossing", wenn

Chefs ihre Macht missbrauchen und autoritäre Praktiken ausüben. Sie werden zum Albtraum für Mitarbeiter.

Mobbing ist eine zutiefst lieblose und unpartnerschaftliche Praktik. Hinter dem Rücken des Opfers werden unsichtbare Angriffe gestartet. Wie können sie aussehen?

- Über den Opfer-Kollegen wird schlecht geredet.
- Kollegen werden wie Luft behandelt.
- Gerüchte werden verbreitet, die den Ruf des Opfers schädigen.
- Sinnlose und kränkende Aufgaben werden dem Opfer zugewiesen.
- Arbeiten werden sabotiert oder schlechter beurteilt.
- Wichtige Informationen werden vorenthalten.
- Ständig werden die Betroffenen kritisiert.

Es handelt sich hier um versteckte Machtdemonstrationen von einem Mitarbeiter oder Vorgesetzten, die autoritäre Methoden benutzen, um Menschen „fertig zu machen" und zu isolieren. Autoritäre Methoden sind Verhaltensmuster, die demütigen und runtermachen, die zerstören und nicht fördern.

Das Volkswagenwerk in Wolfsburg hat 1996 eine Betriebsvereinbarung geschaffen, um sexuelle Belästigung am Arbeitsplatz und Mobbing-Terror zu unterbinden. Die Vereinbarung hat den Titel: „Partnerschaftliches Verhalten am Arbeitsplatz".

Eine wesentliche Rolle spielen bei diesen Psychoterror-Methoden die Führungskräfte. Sie haben es in der Hand, Mobbing zu stoppen und mit einem guten Betriebsklima Voraussetzungen zu schaffen, damit es nicht so weit kommt. Viele Führungskräfte sind zwar fachlich sehr qualifiziert, ihnen fehlt aber die soziale Kompetenz. Führungskräfte mit Autorität pflegen einen kooperativen Führungsstil. Sie sorgen für

Transparenz bei allen Entscheidungen und für eine reibungslose Zusammenarbeit. Dazu gehören auch präzise Arbeitsplatzbeschreibungen, eine genaue Gliederung von Zuordnung und von Zuständigkeiten. Mit Hilfe dieser Methoden kann es gelingen, Kompetenzüberschneidungen zu verringern und Konflikte zu verkleinern.

Die Aufgabe von Führungskräften mit Autorität ist es,

... kollegiale Beziehungen am Arbeitsplatz zu fördern,

... Mobbing-Praktiken zum Gespräch zu erheben und

... gerecht und unparteiisch Auseinandersetzungen zu verringern, bevor Arbeitsgerichte, Anwälte und Richter eingeschaltet werden.

Autorität und die „Jeder-gewinnt-Methode"

Viele Konflikte in Betrieben zwischen Mitarbeitern und Vorgesetzten werden vor Gerichten ausgetragen. Das Wort „Konflikt" beinhaltet in der Regel einen Zusammenstoß von zwei Parteien. Wenn nach autoritären Mustern gekämpft wird, gibt es häufig nur Gewinner und Verlierer. Nicht selten verlieren auch beide Parteien.

Der amerikanische Therapeut und Unternehmensberater Thomas Gordon hat eine effektive Methode zur Konfliktlösung erarbeitet. Sie stellt auch bisherige Konzepte auf den Kopf. Es handelt sich um die Methode: Im Konflikt gewinnt jeder. Ihm liegt eine gegenseitige Bedürfnisbefriedigung am Herzen. Wie heißt es in der Thora: „Liebe ist gegenseitige Bedürfnisbefriedigung." Das klingt sehr prosaisch, trifft aber den Kern der Sache. Liebe heißt: Ich befriedige deine Bedürfnisse, du befriedigst meine Bedürfnisse. Es handelt sich um eine schlichte Abwandlung des Kerngedankens im Alten und Neuen Testament: „Liebe deinen Nächsten wie dich selbst." Thomas Gordon kennzeichnet diese Methode so:

„Die Jeder-gewinnt-Methode setzt also voraus, dass ein Führer, der in der Regel mehr Macht als die Gruppenmitglieder besitzt, sich dazu verpflichtet, sie *nicht* zu verwenden. Stattdessen nimmt der Führer im Konfliktfall folgende Haltung ein:

Du und ich, wir haben einen Bedürfniskonflikt. Ich achte deine Bedürfnisse, aber ich darf auch meine nicht vernachlässigen. Ich will von meiner Macht dir gegenüber keinen Gebrauch machen, so dass ich gewinne und du verlierst, aber ich kann auch nicht nachgeben und dich auf meine Kosten gewinnen lassen. So wollen wir in gegenseitigem Einverständnis gemeinsam nach einer Lösung suchen, die ebenso deine wie meine Bedürfnisse befriedigt, so dass wir beide gewinnen." [7]

Das klingt logisch und einfach, ist aber nicht ganz leicht zu realisieren. Die Absicht ist edel, die Durchführung schwer. Thomas Gordon hat sechs Schritte erarbeitet, die schon in seinen früheren Büchern für diese Konfliktlösungsform angewandt wurden.

Die sechs Schritte lauten:

1. Das Problem wird erkannt und definiert.
2. Alternative Lösungen werden entwickelt.
3. Die alternativen Lösungen werden bewertet.
4. Die Entscheidung wird getroffen.
5. Die Entscheidung wird ausgeführt.
6. Anschließend wird die Lösung bewertet.

Hinweise zur praktischen Durchführung dieser Methode

- Der Konflikt muss aus der Sicht *beider Parteien* definiert und verstanden werden. Beide Parteien müssen das Gefühl haben, dass sie in ihrer Position verstanden werden.

- Der Konflikt muss in Ich-Botschaften zum Ausdruck kommen. Vorwurfsvolle Sätze oder Du-Botschaften, die anklagen und provozieren, sollen vermieden werden.
- Der Konflikt, der häufig ein vordergründiges Problem zur Sprache bringt, hat in der Regel ein tiefer liegendes Problem zum Inhalt. Beide Parteien müssen sich bemühen, diese *tiefer liegende Störung* mit im Auge zu behalten.
- Der Konflikt, der eine Lösung braucht, darf nicht zum Machtkampf führen, wo eine Partei die andere aushebeln und über den Tisch ziehen kann. Die Suche nach einer Lösung erfordert ein kreatives Denken und keine Macht.
- Der Konflikt kann leichter gelöst werden, wenn beide Parteien an einer Entscheidung mitwirken. Beide haben ein Mitspracherecht und sind daher stärker motiviert.
- Der Konflikt zwingt bei dieser Methode die Führungskraft nicht, durchzugreifen und die Polizei zu spielen, denn die Kompetenzen sind gut verteilt.
- Der Konflikt, den beide Parteien ohne Machtanwendung zu lösen versuchen, führt nicht selten dazu, dass sich die Parteien näher kommen und ihre Beziehungen verbessern.
- Der Konflikt verlangt von beiden, dass keiner mit einer vorgefassten und festgelegten Lösung die Gespräche beginnt.
- Der Konflikt, der mit Hilfe beider Parteien eine Lösung gefunden hat, braucht eine Überprüfung der Lösung. Viele Lösungen erscheinen ideal, sind es aber nicht. Stellt sich die Lösung als unvorteilhaft heraus, wird die Korrektur wieder von beiden Parteien erarbeitet.

Das jedenfalls behauptet Dr. Siegfried Buchholz, ein öster-
reichischer Unternehmensberater und Geschäftsmann. Gottes größte Investition an uns Menschen und in unsere Zukunft ist Liebe. Buchholz schreibt:

„Das kraftvollste Führungsseminar der Weltgeschichte lief
vor knapp 2000 Jahren in Jerusalem ab. Nach seinem Tode
und seiner Rückkehr ins Leben hat Jesus Christus eine
Truppe von elf Personen zurückgelassen, die nun wirklich
überhaupt keine Führungsqualitäten besaßen. Sie waren
ängstlich, konfus, uneinig, ziel- und strategielos – ein wirrer
Haufen. Er kündigte ihnen an, dass er etwas in sie investie-
ren würde. Er stellte ihnen seinen Nachfolger vor, den Heiligen Geist. Wer der Erfüllung mit dem Heiligen Geist innerlich zustimmt und sie annimmt, bekommt damit gleichzeitig
die wichtigste Führungsfähigkeit geschenkt: Liebe. Seit da-
mals ist Führungsqualifikation an Liebe gebunden. Wenn ich
Menschen nicht leiden kann, kann ich sie auch nicht führen.
Ich werde sie vielleicht herumkommandieren, aber führen
kann ich sie nicht. Sie folgen mir nicht. Alle funktionieren-
den Führungskonzepte gehen vom DU aus, nicht vom
ICH." [8]

Liebe ist ein Geschenk und die größte Investition für unsere
Zukunft.
Liebe ist eine Voraussetzung und ein Risiko Gottes.
Liebe ist eine Investition in Menschen, die Mühe, Zeit und
Geld kostet.
Liebe durch den Heiligen Geist gibt Kompetenz und eine
starke Persönlichkeit.
Liebe ist eine Gabe und ein geistliches Fitness-Programm.

Liebe will die Menschen nicht nur fit-for-the-future machen, sondern fit-for-the-eternity, also für die Ewigkeit.

Liebe, die Gott im Heiligen Geist schenkt, gibt Kraft, die Welt umzukrempeln.

Liebe ist in der Tat die wichtigste Führungsfähigkeit.

Führungskräfte, die sich von dieser Liebe zu Gott leiten lassen, können leiten. Sie wollen nicht herrschen und sich autoritär durchsetzen, sie wollen Menschen und Mitarbeiter *gewinnen*. Diese Liebe will nicht *gepredigt*, sondern in erster Linie *gelebt* werden.

Effektives Führen meint Dienen

Der Bestseller-Autor Ken Blanchard, der international bekannt wurde durch sein Buch „Der Einminuten-Manager", von dem inzwischen über 10 Millionen Exemplare verkauft und das in 25 Sprachen übersetzt wurde, bringt als bewusster Christ ein revolutionäres Modell von Führung auf den Markt, das als *dienende Führung* bezeichnet werden kann. Erfolgreiche Führungsprinzipien des Managements und Charakterentwicklungsprinzipien, die auf den Lehren von Jesus Christus basieren, werden miteinander verknüpft. Blanchard, Hybels und Hodger, die zu dritt dieses Konzept formuliert haben, schreiben:

„Wie die meisten Führungspersönlichkeiten in der heutigen, schnelllebigen Welt sehen vermutlich auch Sie sich nach einem relevanten und kompetenten Modell für effektives Führen. Wir sind davon überzeugt, dass es tatsächlich jemanden gibt, der effektives Führen perfekt praktiziert und lehrt. Diese Person ist Jesus von Nazareth, der die Haltung und die Methode einer völlig hingebenden und effektiv *die-*

nenden Liebe verkörpert. (...) Drei Jahre lebte dieser die radikale Form eines dienenden Führungsstils vor, durch den er ganz gewöhnliche Menschen befähigte, den Lauf der Geschichte entscheidend zu verändern." [9]

Was beinhaltet „dienende Führung"?

Eine dienende Führungskraft

– ist immer für Leute da, wenn sie sie brauchen. Jesus ist für uns da, wenn wir bereit sind, unser Ego zurückzustellen und ihn um Hilfe zu bitten;

– ist bereit, sich im Herzen verändern zu lassen. Jesus ist daran interessiert, gute und fürsorgliche Menschen aus uns zu machen;

– ist in erster Linie ein Diener und erst in zweiter Linie eine Führungsperson;

– ist zu einer Führungsaufgabe „berufen" und nicht dazu ausersehen, anderen Menschen helfen zu wollen;

– ist angehalten, das Ego unter Kontrolle zu halten. Sie denkt nicht gering von sich, sie denkt in erster Linie weniger an sich;

– ist bereit zu hören. Sie legt Wert auf Feed-back, um anderen besser dienen zu können;

– hat eine Vision von der Zukunft, die Begeisterung auslöst;

– trägt Verantwortung für Visionen und bestimmt die Richtung, die nicht delegiert wird;

– stellt die traditionelle Hierarchie von oben nach unten auf den Kopf. Mitarbeiter stehen an der Spitze der Organisation und können selbstverantwortlich handeln. Die Führungskraft will den Mitarbeitern dienen und auf sie eingehen;

– hilft den Mitarbeitern, ihre Ziele zu erreichen und die Vision und Richtung des Unternehmens zu realisieren. Die Visionen kommen von der Unternehmensleitung;

– versteht sich als Coach. Klare Ziele werden formuliert, die

Umsetzung wird beobachtet, Fortschritte erfahren Ermutigung, gegebenenfalls wird die Richtung korrigiert;
– kann mit fünf Schritten helfen, Ergebnisse zu erzielen.
– fördert Mitarbeiter am meisten, wenn sie erbrachte Leistungen hervorhebt und Fortschritte lobt;
– bemüht sich nicht, es jedem Recht zu machen, sondern der Gehorsam Gott gegenüber hat höhere Priorität;
– ist bemüht, großzügig zu sein, und nicht in erster Linie daran interessiert, Reichtümer anzusammeln;
– ist bemüht, liebevolle Beziehungen aufzubauen, statt Macht und Status anzustreben;
– ist bemüht, Profit zu erwirtschaften und den Mitarbeitern ein emotionales und unterstützendes Arbeitsklima zu bieten;
– ist bemüht, ständig persönlich Inventur zu machen, um falsches Verhalten zu erkennen und zuzugeben;
– ist bemüht, alle Schwächen in der Persönlichkeit von Gott ausräumen zu lassen und die Ursache für Defizite als Vorgesetzter ins Gebet zu nehmen;
– ist bemüht, die Prinzipien des dienenden Führungsstandes an andere Führungspersonen weiterzugeben.

Von fünf Schritten war die Rede, die zu Ergebnissen führen. Sie lauten:
1. „Ich sage Ihnen, was Sie tun sollen.
2. Ich zeige Ihnen, was Sie tun sollen.
3. Ich lasse es Sie selbst versuchen.
4. Ich beobachte Ihre Leistungen.
5. Ich lobe Ihre Fortschritte und korrigiere Ihre Richtung." [10]

Der Anspruch, den Blanchard und seine Kollegen formuliert haben, ist sehr hoch.

„Dienende Führung wird ganz sicher auch von bewussten Christen mit Stirnrunzeln verfolgt, und doch greift der Manager auf ein Konzept zurück, das seit 2000 Jahren mit Fehlern und Schwächen funktioniert. Jesus hat schlichte Männer berufen, sie in einigen Jahren gemeinsamen Lebens zugerüstet, hat ihnen seinen Heiligen Geist vermittelt und sie in alle Welt geschickt. Ihre Hingabe, ihre Liebe und ihre ‚dienende Führung' haben das Gesicht der Welt verändert. Warum soll dieses Konzept in der Wirtschaft scheitern?"

Dienende Leiterschaft

Das Geheimnis des Leiters hat Jesus in wenigen Sätzen komprimiert beschrieben: „Ihr wisst, die als Herrscher gelten, halten ihre Völker nieder, und ihre Mächtigen tun ihnen Gewalt an. Aber so ist es unter euch nicht; sondern wer groß sein will unter euch, der soll euer Diener sein; und wer unter euch der Erste sein will, der soll aller Knecht sein" (Markus 10,42-44).

In Familien, Gemeinden, Firmen und im Zusammenleben der Menschen in Städten und unter Völkern wird häufig das Herrschaftsprinzip praktiziert. Macht wird laut oder leise angewendet. Jesus stellt diese Praktiken auf den Kopf. Allen Machtstrategien sagt er den Kampf an. Und das gilt für alle Leitungsfunktionen und Führungsaktivitäten. Vielen Eltern, Führungspersönlichkeiten in Gemeinde, Kirche, Firma und in der Gesellschaft passt diese „dienende Leiterschaft" nicht ins Konzept.

Viele glauben,
– wenn sie den Ton angeben,
– wenn sie das Kommando übernehmen,
– wenn sie Obrigkeit spielen und

– wenn sie anordnen und bestimmen,
dann ist ein fruchtbares Zusammenleben gewährleistet.

Pfarrer Klaus Eickhoff, lange Jahre Leiter des Werkes für Evangelisation und Gemeindeaufbau der Evangelischen Kirche in Österreich, hat auf einem Kongress für Führungskräfte das geistliche Konzept *Führungspersönlichkeiten* verdeutlicht. Ungeschminkt nimmt er das falsche Profil in Kirche und Gesellschaft aufs Korn. Zunächst die Beschreibung positiver Leiterschaft:
„Das Wesen derer, die geistlich sind und etwas zu sagen haben, besteht darin, dass sie dienen. Dazu hat uns Jesus das Urbild gegeben. Aufs Leiten übertragen: Wie er leitet, so sollen in seiner Nachfolge die Leiter leiten, als Diener. Christliche Leitungskultur ist vom Leiten in der Welt wesenhaft unterschieden: vollmächtig, aber ohne Macht. Machtloses Dienen. Autoritäten wollen hier nichts für sich selbst. Sie wollen alles für ihren Gott: Gott allein die Ehre!“ [11]
Woran werden Väter, Leiter und Führungspersönlichkeiten gemessen?

- Sie wollen keine Autorität *für sich*.
- Sie wollen nicht ihre *persönlichen Ziele* durchsetzen.
- Sie wollen *andere zur Entfaltung* bringen.
- Sie wollen die *Gaben der anderen* fördern und den Leib der Gemeinde bauen.
- Sie setzen *schöpferische Eigeninitiativen* frei.
- Sie wollen in erster Linie *Gott die Ehre geben*.

Das sind hohe Ziele. Das sind Ansprüche, denen viele nicht gewachsen sind. Darum wenden unterschwellig nicht wenige offensichtlich und versteckt Machtprinzipien an.

Die Kirchengeschichte bietet einen ausgezeichneten An-
schauungsunterricht, wie seit der Urgemeinde der Machtmissbrauch bei Führungsriegen vor sich ging. Trotz Verfol-
gung hatte sich das Christentum verbreitet. Kaiser und Könige verfolgten die Christen brutal. Und doch nahm ihre
Zahl zu. Einige hundert Jahre nach Christi Geburt wurde
das Christentum zur Staatsreligion erklärt. Die Unterdrückung von *außen* hatte ein Ende und die Unterdrückung
von *innen* begann. Die Gemeinde und ihre Glieder wurden
unmündig gemacht.

Klaus Eickhoff beschreibt in dieser tragischen Entwicklung
drei Katastrophen:
„Katastrophe Nr. 1: Gemeinden wurden ihrer Urgestalt be-
raubt. Sie trafen sich bekanntlich in Hausgemeinden. Nun
aber mussten es Kirchen und Kathedralen sein. Häuser und
Gottesdienste wurden auseinander gerissen. Heute sagen
wir: Der Gottesdienst sei die Mitte der Gemeinde. Nein,
einst waren die Häuser *zusammen* mit den Gottesdiensten
Mitte der Gemeinde.
Katastrophe Nr. 2: Den Christen wurde die Schrift genommen. Die durfte auf einmal nur noch der Klerus lesen. Der
Segensstrom versiegte. Diejenigen, die in der Schrift als
‚Heilige‘ bezeichnet werden, wurden jetzt ‚Laien‘ genannt.
Geistiges Analphabetentum entwickelte sich.
Katastrophe Nr. 3: Pfarrherren wurden an die Spitze von Ge-
meinden gesetzt. Sie waren die so genannten ‚Hirten‘. Die
einst priesterlich mündigen Gemeindeglieder wurden zu
‚Schafen‘ degradiert. Die, die würdige Priester sein sollten,
wurden systematisch entmündigt.“ [12]

Machtmissbrauch ist ein menschliches Problem. Nicht umsonst schildert uns die Bibel, sofort nach der Vertreibung aus dem Paradies, einen Eifersuchts-Vergleichs-Mord. Kain, der älteste Sohn, beansprucht die Führung. Er hat das Sagen, er beansprucht den Segen. Er bestimmt über den zweiten. Kain erträgt es nicht, dass Gott ihm diese Stellung streitig macht. Kain demonstriert Bossallüren und will sich nicht dreinreden lassen. In seinem Machtrausch erschlägt er seinen Bruder Abel.

Kapitel 8

Autorität in der Erziehungspraxis

Autorität ist ein zentrales Thema in der Erziehungspraxis. Sie bildet die Grundlage des familiären Zusammenlebens. Eltern und Erzieher mit Autorität – wie sie auf den bisherigen Seiten charakterisiert wurden – garantieren weitgehend gesunde Familien.

Wo die Autoritätsfrage nicht gelöst ist, wo Mütter und Väter widersprüchlich oder autoritär erziehen, nehmen Kinder und Heranwachsende Schaden.

Bei widersprüchlicher oder autoritärer Erziehung fühlen sich Kinder
– allein gelassen, ohne Geborgenheit,
– nicht ernst genommen,
– abgewertet,
– entmündigt und
– im Selbstwert geschwächt.

Wilhelm Faix schildert Probleme mangelnder Autorität so:
„Viele Eltern haben, was ihre Autorität angeht, geradezu eine Lücke, sie nehmen sie gar nicht wahr. Die Kinder machen dann mehr oder weniger, was sie wollen. (...) Andere Eltern lösen die Autoritätsfragen durch ein ständiges Wechselbad der Gefühle. Mal drohen sie, dann lassen sie wieder alles laufen; mal strafen sie, dann sind sie wieder großzügig. Daraus spricht eine große Hilflosigkeit. (...) Wieder andere El-

tern verfügen zwar über eine gewisse Autorität, aber die zeichnet sich darin aus, dass sie ihr Kind ständig in Schutz nehmen. Sie bagatellisieren das kindliche Fehlverhalten. Ihr Kind gilt als ‚unschuldig‘, oder es wurde ‚von anderen verführt‘, weil ihr Kind so etwas nie machen würde. Darum gibt es auch keine Sanktionen für das Fehlverhalten." [1]

Erziehungsfehler erwachsen in der Regel aus verzerrter Autorität. Sie fehlt, wird schief interpretiert, oder Mütter und Väter fallen sich in den Rücken. Die Ehen der Eltern sind zerbrochen oder gefährdet, die Kinder konnten sich mit den Zielen und Werten der Eltern nicht identifizieren.

Erziehung – und die Macht der Gene

Wie weit sind autoritäre und autoritative Einstellungs- und Verhaltensmuster vererbt? Ist die Erziehung von anlagebedingten Reaktionsmustern abhängig?
Die Auseinandersetzung zwischen Vererbung, Genen, Anlagen und Einflüssen der sozialen Umwelt haben sich in den letzten Jahren und Jahrzehnten zugespitzt. Angesichts der Forschungsergebnisse sieht es so aus, dass unsere Gene bei vielen Eigenschaften und Persönlichkeitseigenarten mitmischen.
– Schüchternheit,
– Korpulenz,
– Glück,
– Kriminalität,
– Aggressivität,
– Temperament usw.
werden von bestimmten Genen beeinflusst.

Es ist allerdings höchste Vorsicht geboten, wenn von einem
- „Neurose-Gen",
- „Glücks-Gen",
- „Neugier-Gen",
- „Alkoholismus-Gen",
- „Depressions-Gen"
gesprochen wird.

Hüten wir uns, dass wir unsere Schwächen: niedergeschlagen, aggressiv, süchtig, dumm, froh, schüchtern und fett zu sein, der DNS-Struktur in die Schuhe schieben. Inzwischen gibt es in der Tat Menschen, die von einem „genetischen Opferstatus" sprechen und sich als willenlose Spielbälle in der Hand von unkontrollierten Kräften sehen. Nein, wir sind nicht *völlig* frei. Die Biologen, die Gene, Anlagen und Vererbung spielen eine große Rolle. Sätze wie:
- „Ich bin völlig frei";
- „Ich kann jederzeit frei und uneingeschränkt über mich bestimmen";
- „Jeder ist seines Glückes Schmied";
- „Ich bin der Herr meines Schicksals. Ich bin der Steuermann meiner Seele";
sind Formulierungen, die nur stark eingeschränkt gelten.

Die Forschungen an eineiigen Zwillingen, die getrennt in Familien aufwuchsen, belegen überzeugend, dass die gleichen Gene, die ja eineiige Zwillinge besitzen, zu gleichen Persönlichkeitsmerkmalen führen. Ihre sexuelle Orientierung, Zufriedenheit an der Arbeit, ein bestimmtes Traditionsbewusstsein, persönliche Ticks, bestimmte Gewohnheiten und eigenwillige Verhaltensmuster bilden sich heraus, obwohl die Zwillinge weit auseinander wohnen und in unterschiedlichen Lebens- und Sozialisationsräumen aufwuchsen.

Auch die Ergebnisse der Temperamentsforschung zwingen uns, über genetische Einflüsse nachzudenken. Kein Mensch wird als unbeschriebenes Blatt ohne Eigenschaften geboren, sondern mit bestimmten Temperamentsanlagen.

Der führende amerikanische Entwicklungspsychologe Jerome Kagan von der Havard-Universität geht davon aus,

– dass 20 % der Menschen mit einer stark erregbaren Physiologie geboren werden. Alles, was sie wahrnehmen, alles Unbekannte und Ungewohnte erleben sie als Bedrohung. Sie entwickeln daneben ein „gehemmtes Temperament", reagieren sehr vorsichtig und zurückhaltend. Diese Menschen produzieren weitgehend ein Vermeidungsverhalten;

– dass 40 % der Menschen mit einer meist weniger erregbaren Physiologie geboren werden. Sie sind von Hause aus weniger furchtsam. Sie reagieren insgesamt entspannter. Diese Menschen kommen mit Risiken gut zurecht und reagieren in der Regel weit weniger gehemmt.

Gehemmte und Ungehemmte – diese Formulierungen sind zugespitzt und vereinfacht – sind die am meisten untersuchten Menschen. Selbstverständlich sind Männer und Frauen in der Regel Mischcharaktere.

Auch die Suche nach einem Kriminalitätsgen hat eindrucksvolle Ergebnisse gezeigt. So ergab eine dänische Studie, dass 22 % der Söhne von kriminellen Vätern wieder kriminell wurden. Bei kriminellen Adoptivvätern, das heißt also bei nicht-biologischen Vätern, lag die Kriminalitätsrate um 50 % niedriger. Auch Studien über Kriminelle, die einen niedrigen Serotoninmangel zeigten, belegen, dass chemische Botenstoffe im Gehirn für kriminelles Verhalten mitverantwortlich sind. Ein niedriger Serotoningehalt geht einher mit einem niedrigen Selbstwertgefühl, aggressiver Impulsivität und Gewalttätigkeit.

Zusammenfassung:

Macht und autoritäre Verhaltensmuster, aber auch andere Einstellungs- und Verhaltensmuster haben mit Anlagen, Vererbung und dem Einfluss von Genen zu tun. Autoritäre und autoritative Verhaltenspraktiken sind nicht nur frei gewählt, sondern unterliegen auch dem Einfluss unserer Gene und unserer DNS-Struktur.

Danach gilt:

- Wir bringen ein bestimmtes Temperament mit auf die Welt, aber unsere Erfahrungen können die Anlagen verstärken oder abschwächen. 90 % unserer Körpergröße sind genetisch festgelegt, 10 % bestimmen Ernährung und Umwelt.

- Forscher nehmen an, dass 50 % unserer Persönlichkeitseigenarten anlagebedingt sind. Die andere Hälfte wird durch Umwelt, soziale Einflüsse und Erfahrungen, die der Mensch macht, gesteuert. Niemand ist Sklave seiner Gene, niemand wird ferngesteuert.

- Ein Kind, das beispielsweise mit 3 Jahren seine Eltern durch einen tödlichen Unfall verliert, macht Erfahrungen, die alle DNS-Informationen über den Haufen werfen. Verschiedene Lebensereignisse können uns unauslöschlich prägen. Unsere so genannte Umwelt übt große Macht aus.

- Christen haben keine fatalistische Weltsicht. Eine biologistische Determination entspricht nicht dem Weltbild der Bibel. Wir haben es in der Hand, als Christen unser Leben nach Gottes Maßstäben zu gestalten.

Wir übernehmen Verantwortung und *können* Verantwortung übernehmen.

Wir treffen Entscheidungen und *können* Entscheidungen treffen.

Wir ziehen Konsequenzen und *können* Konsequenzen ziehen.

Autorität und Misstrauen

Das Kinderhilfswerk der Vereinten Nationen UNICEF veröffentlichte im Jahre 2001 eine Grafik über Misstrauen der Kinder und Jugendlichen im heutigen Deutschland.
Wenn Autorität
– Glaubwürdigkeit,
– Vertrauen,
– Verantwortungsgefühl,
– Gewissenhaftigkeit und
– Partnerschaft
beinhaltet, dann haben die Regierungen, die Kirche und sogar der Bundespräsident ganz schlechte Karten. Die Umfrage richtete sich an Kinder und Jugendliche im Alter von 9 – 17 Jahren.

Kinder und Jugendliche haben Misstrauen
– gegenüber der Regierung: 33 % der Befragten;
– gegenüber dem Bundespräsidenten: 26 % der Befragten;
– gegenüber den Kirchen: 21 % der Befragten;
– gegenüber der Armee: 11 % der Befragten;
– gegenüber den eigenen Lehrern: 10 % der Befragten;
– gegenüber der Polizei: 7 % der Befragten;
– gegenüber den Erwachsenen ganz allgemein: 7 % der Befragten;
– gegenüber dem eigenen Vater: 4 % der Befragten;
– gegenüber den Ärzten: 2 % der Befragten;
– gegenüber der eigenen Mutter: 2 % der Befragten.

Die Mutter genießt bei Kindern und Jugendlichen das höchste Vertrauen. Mit geringem Abstand folgen Väter und Ärzte. Deutlich wird, welchen Stellenwert die Familie im Rahmen der Erziehung hat. Heile Familien sind Zentren, in denen Selbstvertrauen, Selbstwert und Lebensmut getankt werden können. Mütter und Väter mit Autorität bewahren vor Selbstwertstörungen, vor Minderwertigkeitsgefühlen und Kommunikationsproblemen. Auch Lehrer genießen heute in Deutschland mehr Vertrauen, als ihnen bewusst ist. Auch die Grafik zeigt, Autorität ist eine Vertrauensmacht.

Erziehung im Wertewandel

Studien verschiedener Forschungsinstitute in den letzten Jahren haben einen Wertewandel bei Jugendlichen diagnostiziert. Die Werteverschiebung ereignete sich in mehreren Phasen seit dem Zweiten Weltkrieg.

Die erste Phase war gekennzeichnet durch Erfahrungen des Mangels. Tugenden wie Gehorsam, Verzicht, Ordnung und Sparsamkeit wurden groß geschrieben. Der Wiederaufbau erforderte Disziplin, Engagement, Hilfsbereitschaft und den Verzicht auf Luxus.

Die zweite Phase war durch Wohlstand und Wirtschaftswunder gekennzeichnet. Und junge Menschen begannen, sich egoistisch und narzisstisch gegen jegliche Einengung zu sträuben. Die Gleise zum Streben nach Glück und Selbstverwirklichung wurden gelegt.

Die dritte Phase beinhaltete einen gewissen Abstand vom Streben nach Genuss. Der Körperkult verlor an Bedeutung. Ein gewisser Konsum- und Genussüberdruss machte sich bemerkbar. Freundschaften und Partnerschaften wurden höher bewertet, weil sich inzwischen die Mängel in der Liebes- und

Beziehungsfähigkeit bei vielen Jugendlichen und jungen Erwachsenen bemerkbar machten.

Eine Umfrage des Institutes für Demoskopie in Allensbach vor einigen Jahren, die im Auftrag des „Rheinischen Merkur" von Lehrern betrieben wurde, ergab,

... dass 68 % der Lehrer eine enorme materialistische Ausprägung bei Schülern feststellen;

... dass Egozentrismus und Materialismus bei Jugendlichen vorherrschen;

... dass soziales Engagement nur selten zu finden ist;

... dass religiöses Interesse am christlichen Glauben nur selten bemerkt wird;

... dass die Zunahme von Gewaltbereitschaft und Verhaltensstörungen unübersehbar ist;

... dass Kinder und Jugendliche ihre Freizeit ohne Einschränkung genießen wollen;

... dass spontane Aktivitäten Spaß und Lebensfreude vermitteln sollen

... und dass sie ohne Einschränkung und Auflagen erlebt werden wollen.

Das Überangebot an Reizen hat fühlbare Nachteile. Die Jugendlichen werden Opfer ihrer eigenen Ansprüche. Sie glauben daher, dass sie zu wenig Zeit für sich haben, dass sie zwischenmenschlich überfordert werden und reagieren mit Nervosität, Unzufriedenheit, Aggression und Lernschwäche. Viele Jugendliche fühlen sich vom Staat und von der Gesellschaft vernachlässigt und setzen kein Vertrauen in Regierung, Parteien und Kirche.

Eltern und Erzieher haben es schwer, diesem Trend entgegenzuwirken. Da aber die Wertevermittlung im Erziehungsprozess eine fundamentale Rolle spielt, sind Eltern und Erzieher gefordert, sich über die *eigenen* Werte Gedanken zu machen.

Nur wer sich einem eigenen Wertekatalog verpflichtet fühlt, nur wer solche Tugenden nicht nur predigt, sondern auch *lebt*, wird Kinder und Jugendliche positiv beeinflussen können.

Wirkliche Autorität identifiziert sich mit Werten des christlichen Glaubens. Sie versucht, mit Fehlern und Rückschlägen zu leben. Solche Beispiele überzeugen und werden Kinder und Jugendliche beeinflussen.

Laufen-lassen ist ein falsches Erziehungskonzept

Es gibt einen eklatanten Irrtum in der Kindererziehung. Er heißt: Je weniger Eltern Kinder zu beeinflussen suchen, desto glücklicher werden sie.

Jahrzehntelang wurde diese Weisheit publiziert. Das Kind muss die Freiheit haben, sich selbst zu entscheiden. Kinder wollen und dürfen nicht unterdrückt und in bestimmte Rollen gezwängt werden. Kinder lieben es, eigenständig ihren Weg zu wählen und zu finden.

Das Gegenteil belegen die demoskopischen Untersuchungen. Frau Noelle-Neumann, die Direktorin des Allensbacher Institutes, schreibt: „Wir müssen hier auf einen Irrweg zu sprechen kommen, der mehrere Generationen unglücklich gemacht hat. Der Gedanke hat sich verbreitet, dass es der beste Weg sei, Eltern versuchen gar nicht, ihre Kinder in wichtigen Dingen zu beeinflussen. Doch wo es ernst wird – was Kinder glauben, was sie lesen, mit wem sie befreundet sind –, da versuchen Eltern, sie überhaupt nicht zu beeinflussen. Diese Art von bequemem ‚Laufen-lassen‘ ist das Gegenteil von dem, was wir bei starken, glücklichen Menschen finden."[2]

Dieses „Laufen-lassen" ist das Gegenteil einer autoritativen

Erziehung. Eltern halten sich raus. Sie beziehen keine Stellung und stehen abseits.

- Kinder suchen das Gespräch.
- Kinder suchen den Austausch.
- Kinder suchen die Auseinandersetzung.
- Kinder wollen die Diskussion über das Für und Wider.

Wenn Kinder um Überlegenheit kämpfen

Die Erziehung mit Autorität meint kooperatives Führen. Der Handlungsspielraum des Kindes ist groß, das Zutrauen enorm, die Verbote auf ein erforderliches Minimum beschränkt. Die Autorität des Erziehers basiert auf seiner Glaubwürdigkeit. Diese Glaubwürdigkeit muss sich ausweisen. Sie muss auf die Probe gestellt und kritisiert werden. Nicht die Überlegenheit, sondern die Solidarität kennzeichnet die Partner.

Für viele Eltern und Lehrer ist es schwer, sich zurückzuhalten, wenn das Kind um seine Überlegenheit kämpft. Väter und Lehrer, die ihre Autorität bedroht sehen, greifen zu zweifelhaften Methoden. Sie wollen selbst das Heft in der Hand behalten und fallen prompt auf einen Machtkampf mit dem Kind herein. Das Kind hat in der Regel den längeren Atem und die bessere Kondition. Es erringt Sieg auf Sieg. Erst wenn Eltern und Lehrer sich frei von Minderwertigkeitsgefühlen und Sorgen um das eigene Prestige verstehend um das Verhalten des Kindes bemühen, werden sie es beeinflussen und sich mit ihm verständigen können. Ein Appell an die Vernunft, ihr Mitgefühl und ihre Hilfe sind gewöhnlich wirkungsvoller als jede Drohung oder Autoritätsentfaltung, besonders wenn sie allmählich dem Bestreben des Lehrers, ihnen zu helfen, trauen.

Machthungrige und störende Kinder sind zutiefst unglückliche Kinder. Autoritätsansprüche und Demütigungen treiben das Kind tiefer in sein obstruktives Verhalten hinein.

Autorität beinhaltet Glaubwürdigkeit

Viele Eltern leiden unter Autoritätsproblemen. Ohne Autorität können Werte, Normen und Beziehungen im Familienleben nicht umgesetzt und Absprachen nicht eingehalten werden. Wenn Eltern ihre Autorität nicht wahrnehmen, machen Kinder, was sie wollen. Die Eltern-Kind-Beziehung ist ohne Vertrauen gekennzeichnet.

Autorität beinhaltet Glaubwürdigkeit.
- Leben und Reden müssen identisch sein.
- Eltern und Erzieher müssen vertrauenswürdig sein.
- Auf Eltern und Erzieher muss Verlass sein.
- Eltern und Erzieher dürfen Kinder nicht hintergehen.

Ich sprach auf einem Frauenfrühstück. Nach dem Vortrag und der Aussprache kam eine Frau auf mich zu. Sie war völlig verunsichert. Sie erzählte mir, dass ihre Eltern sich scheiden ließen, als sie 6 Jahre alt war.

„Beide haben mich vor der Scheidung belogen. Alles war angeblich in Ordnung und plötzlich stimmte alles nicht mehr. Ich konnte mich auf nichts verlassen, was sie sagten. Heute bin ich geradezu krankhaft misstrauisch. Überall wittere ich Unwahrheiten und Lügen. Ich gehöre einer christlichen Gemeinde an und zweifle, ob sie es ehrlich mit mir meinen."

Die Frau glaubt und misstraut gleichzeitig. Einige Männerbeziehungen gingen in die Brüche, weil sie keinem vertraute und jedem Bosheit und Egoismus unterstellte. Selbst Gott vertraut sie nicht restlos. Sie betet und zweifelt gleichzeitig. Ruhe und Unruhe wechseln in ihr ab. Ständig fühlt sie sich hin- und hergerissen.

Das Beratungsbeispiel zeigt, wie sich Unglaubwürdigkeit und Lüge im Erziehungsprozess auswirken können. Erzieher mit Autorität sind glaubwürdig. Unglaubwürdige haben keine Autorität. Sie leben anders, als sie reden. Sie verunsichern und schenken keine Geborgenheit.

- Der Glaubwürdige ist verlässlich.
- Der Glaubwürdige macht dem Nächsten nichts vor.
- Der Glaubwürdige ist in Reden und Handeln identisch.

Autorität beinhaltet Gerechtigkeit

Menschen mit Autorität sind gerecht. Und Gerechtigkeit ist eine soziale Tugend. Der Mensch mit Autorität handelt gerecht zwischen den Parteien. Unparteiisch kann er zwischen rivalisierenden Gruppen vermitteln. Im Mittelalter wurde die Justitia, die Gerechtigkeit, mit einer Waage dargestellt.

- Sie wägt sorgfältig ab.
- Sie verkündigt gerechte Urteile.
- Sie hat eine Binde vor den Augen und behandelt alle Menschen gleich.
- Sie sieht die Sache und nicht die Person.

Gerechte Menschen besitzen Autorität, sie werden ernst genommen, weil sie niemand vorziehen und auch sich nicht beeinflussen lassen. Ihre Mitmenschen schätzen ihre Geradlinigkeit und Sachlichkeit.

Was beinhaltet Gerechtigkeit im christlichen Verständnis?
Gerechtigkeit im Alten Testament ist immer der Maßstab für ein *Verhältnis.*
Und zwar entweder für ein Verhältnis
– zwischen Mensch und Gott,
– zwischen Mensch und Mensch,
– zwischen Mensch und Tier.
Wir kennen in unserem Sprachgebrauch: „jemandem gerecht werden". Es trifft am ehesten auf den biblischen Begriff der Gerechtigkeit zu. Das hat jedoch nichts mit unserem Begriff von Gerechtigkeit zu tun, sondern ist eine Frage der Beziehung. Gerecht sein heißt in der Bibel: den Ansprüchen des jeweiligen Gemeinschaftsverhältnisses gerecht werden.

Menschen mit Autorität und Gerechtigkeit können die Wünsche und Bedürfnisse ihrer Kinder, Mitarbeiter und Mitmenschen wägen. Sie denken und handeln unparteiisch. Menschen mit Autorität, die sich nicht gewaltsam Gehör verschaffen müssen, sind gerecht. Und ihre Gerechtigkeit wird honoriert. Menschen mit Autorität suchen Lösungen, mit denen alle Beteiligten leben können.

Das Wort „Gerechtigkeit" spielt im christlichen Glauben eine große Rolle. Christus ist uns zur Gerechtigkeit geworden. Gott hat uns in Jesus Christus gerecht gemacht. Er lässt uns in seinen Augen recht sein. Von Ungerechtigkeit sind wir freigemacht. Niemand muss sich zum Gerechten aufspielen. Menschen mit Autorität sind keine Gerechtigkeitsfanatiker. Sie sind selbst in ihrer Ungerechtigkeit befreit, haben sie erkannt und bekannt und müssen sie nicht bei ihren Mitmenschen gewaltsam einfordern.

Wer Autorität besitzt, verfügt über Selbstbeherrschung.
Diese Selbstbeherrschung meint aber nicht
– Verdrängung von Gefühlen,
– die innere Wut verstecken,
– den Mitmenschen ein verlogenes Gesicht frei von Aggression zeigen.

Diese Selbstbeherrschung, die Unterdrückung von Gefühlen und Affekten meint, ist nicht gefragt. Sie lügt dem anderen eine geheuchelte Selbstbeherrschung vor. Sie ist gespielt und ist unehrlich.

Anselm Grün, der Prior des Klosters in Münster-Schwarzach, schreibt über die Selbstbeherrschung:

„Die griechische Philosophie gebraucht das Bild vom Steuermann, der das Boot selbst lenkt und in die Richtung führt, in die er möchte. Er lässt sich nicht von den Wogen des Meeres hin- und herwerfen. Wer seine Leidenschaft beherrscht, der ist wirklich frei. Beherrschen heißt dabei nicht unterdrücken. Der Herr steht in guten Beziehungen zu seinen Bediensteten. Er muss sie nicht kontrollieren. Er gibt ihnen Freiraum, weil er ihnen vertraut. Das deutsche Wort ‚herrschen‘ kommt von ‚hehr‘. Es bedeutet erhaben, vornehm, heilig. ‚Herrschen‘ bezieht sich also nicht auf Gewalt, sondern auf Erfahrung. Der Herrscher ist älter, erfahrener, ehrwürdiger.“[3]

Wer Autorität besitzt, kennt Selbstbeherrschung. Er versteht es, mit seinen Leidenschaften und Affekten zu leben. Er kann sie wie ein Steuermann lenken: Auch hier hat Autorität nichts mit Herrschaft und Tyrannei und schon gar nichts mit Selbstbeherrschung zu tun. Wahre Autorität muss nicht Herrschaft und Gewalt demonstrieren. Sie muss nicht kontrollieren und alles im Griff haben. Menschen mit Autorität stehen Kindern, Abhängigen und Mitarbeitern so vor, dass sie von ihnen geachtet und respektiert werden. Mit Selbstbeherrschung ist auch Selbstkontrolle verbunden.

Selbstbeherrschung in der Erziehung

Es besteht heute die einhellige Meinung in der Entwicklungspsychologie von Kindern, dass zu geringe elterliche Kontrolle ebenso schlecht ist wie zu starke. Kinder brauchen Kontrolle. Sie brauchen Regeln. Eltern, die keine Beschränkung auferlegen, erziehen Tyrannen. Wenige Regeln, die aber liebevoll und konsequent eingehalten werden, sind für das Zusammenleben von Erwachsenen und Kindern hilfreich.

- Der *Tagesablauf* wird durch Regeln bestimmt.
- Die *Schlafenszeiten* werden durch feste Gewohnheiten geregelt.
- Das *Zusammenleben* in der Familie wird durch Regeln und Absprachen bestimmt.

Schon in jungen Jahren müssen Kinder Selbstkontrolle erlernen. Kinder, die allezeit alles bekommen, denen alles erlaubt wird, leben in der Illusion, alles zu beherrschen, auch die Erwachsenen. Sie werden mit den Beschränkungen und Enttäuschungen draußen nicht fertig. Sie leben schlecht vorbereitet in dieser Welt. Eltern, die meinen, Liebe müsse zügellos sein, werden in der Regel zu wenig kontrollieren. Kinder, die ohne Beschränkungen aufwachsen, kultivieren in der Regel ein Anspruchsdenken. Sie wählen wieder Freunde und Geliebte aus, die den verständnisvollen, alles verzeihenden Eltern entsprechen. Geben und Nehmen, Schenken und Beschenkt-Werden sind *nicht* im Gleichgewicht. Kontrolle ohne Liebe und Liebe ohne Kontrolle sind nicht die Einstellungsmuster der Eltern, die bei den Kindern den Erwerb der Selbstbeherrschung unterstützen.

Untersuchungen über Kindererziehung in den letzten Jahren haben bestätigt, dass eine
– warmherzige,
– liebevolle,
– konsequente und
– ausgewogene
Disziplinierung am ehesten einer autoritativen Erziehung entspricht.

Im Wesentlichen werden heute drei Erziehungsmuster praktiziert, von denen nur eine Einstellungsreaktion einer autoritativen Kindererziehung gerecht wird.

Selbstbeherrschung und Kontrolle sind die Fähigkeiten:
– etwas fertig zu bringen,
– etwas zu lösen,
– etwas zu beherrschen,
– etwas zu regulieren,
– etwas zu drosseln,
– etwas zu unterdrücken,
– etwas zu beschränken.

Der Begriff ist vieldeutig. Er beinhaltet eine lebenslange Auseinandersetzung
– mit Macht und Hilflosigkeit,
– mit Freiheit und Beschränkung,
– mit Tun und Hinnehmen,
– mit Selbstbeherrschung und Sich-treiben-Lassen,
– mit positiven Gaben und ihrem Missbrauch.

Die Versuchung, positive Führung mit Kontrolle und Macht zu verwechseln, ist groß. Viele Eltern und Erzieher lassen sich verleiten, ihre Macht zu missbrauchen. Sie wollen bestimmen und manipulieren.

Drei Haupterziehungsmuster heute

1. Das autoritäre Muster

Einstellung der Eltern:	*Reaktion der Kinder:*
kaltherzig	passiv
distanziert	zurückgezogen
bestimmend	gefügig
manipulierend	willensschwach
herrschsüchtig	kriminell

Fragen an die Eltern
- Welche Beweggründe haben Sie, in der Familie mit Macht zu regieren?
- Welche Erfahrungen haben Sie als Kind gemacht, dass Sie heute der Herrschaft das Wort reden?
- Kann es sein, dass Sie wiederum elterliche Erziehungsstrategien widerspiegeln?
- Welche Schwierigkeiten haben Sie mit Ihren Kindern, wenn Sie sich gewaltsam durchsetzen?

2. Das „alles erlaubende" Muster

Einstellung der Eltern:	*Reaktion der Kinder:*
liebevoll	Mangel an Selbstbewusstsein
warmherzig	Mangel an Selbstbeherrschung
aber: kaum Gebote	Gewissensschwäche
aber: kaum Regeln	Egoismus
aber: kaum Kontrolle	Gewaltbereitschaft

Fragen an die Eltern

- Was, glauben Sie, sind die wirklichen Motive für Ihre alles erlaubende Erziehung?
- Wollen Sie bewusst Toleranz und Weltoffenheit praktizieren?
- Ist Ihnen die Werteerziehung zu anstrengend?
- Sind Sie selbst zu weich, zu unentschieden und zu durchsetzungsschwach?
- Haben Ihre Eltern Ihnen zu wenige klare Regeln, verbindliche Normen und Werte vorgelebt?
- Wurden Ihnen wenige Grenzen gesetzt?

3. Das autoritative Muster

Einstellung der Eltern:	*Reaktion der Kinder:*
liebevoll	selbstbewusst
respektvoll	selbstvertrauend
vernünftige Kontrolle	ausgeglichen
liebevolle Kompetenz	konfliktfähig
einfühlend	kommunikationsfähig
verständnisvoll	gesundes Sozialverhalten

Fragen an die Eltern

- Sie verzichten auf Macht und Gewalt. Gibt es Nachteile für Ihre partnerschaftliche Erziehung?
- Sie praktizieren eine vernünftige Kontrolle. Haben Sie den Eindruck, dass Ihre Kinder dagegen anlöcken?
- Sie zeigen Verständnis und gehen einfühlend mit Ihren Kindern um. Gibt es Fehlverhaltensweisen, die sich daraus ergeben?
- Welche Erziehungspraktiken können Sie verbessern, um das Zusammenleben der Familie harmonischer zu gestalten?

Erzieher mit Autorität fordern nicht in erster Linie. Sie *fördern* Begabungen. Sie überfordern auch nicht, weil sie ihr Prestige wahren müssen. Sie puschen nicht, um sich mit ihren Kindern sehen zu lassen. Selbstverständlich ist kein Erzieher völlig frei von egoistischen Zielen. Wirkliche Autorität weiß um die „gut gemeinten" Ratschläge und Erpressungsmethoden. Kinder spüren, ob sie den Ehrgeiz der Eltern befriedigen sollen. Kinder spüren, ob echte Liebe der Eltern oder ihre Eitelkeit den Ton angibt.

Eines Tages kam eine Mutter in die Beratung mit folgendem Problem: „Mein Sohn will immer das letzte Wort behalten."

Ich fragte sie: „Und was möchten Sie?"

Sie sagte: „Eltern müssen doch das letzte Wort behalten! Eltern dürfen sich doch nicht von ihren Kindern auf der Nase herumtanzen lassen."

Wer das letzte Wort behalten will, übt Macht aus. Die Gaben und Begabungen werden auf diese Weise nicht gefördert.

- Mutter und Sohn liegen im Machtkampf.
- Mutter und Sohn kämpfen ums letzte Wort.
- Mutter und Sohn ringen um die Vorherrschaft.

Gaben, Talente und Begabungen werden nicht gefördert, sondern gebremst. Der Kampf lenkt Energien in falsche Kanäle. Gaben werden aus Trotz und Rebellion blockiert. Eltern und Kinder suchen nicht gemeinsam nach besten Lösungen. Die Partnerschaft ist gestört. Die Gleichwertigkeit ist nicht gewährleistet.

Paulus macht im Epheserbrief unmissverständlich deutlich: „Erzieht eure Kinder so, dass sie nicht widerspenstig werden!" Eltern und Erzieher werden dafür verantwortlich gemacht, wenn Kinder rebellieren, wenn Kinder aggressiv werden und ihre Begabungen nicht entfalten.

Die Manipulation ist ein trickreiches und hinterhältiges Verfahren, mit Menschen umzugehen. Kinder und Jugendliche sollen den Wünschen und Absichten der Erwachsenen gefügig gemacht werden. Wer auf seine Autorität *pocht*, verfehlt das partnerschaftliche Gespräch. Die Manipulation gehört zum autoritären Führungsstil. Sie verhindert Reifung und damit die volle Entfaltung der Persönlichkeit. Sie fördert die Fremddisziplin und nicht die Selbstzucht.

Manipulation führt zu Argwohn und Misstrauen. Misstrauen aber blockiert, zerschneidet Tischtücher, schafft Widerstand, distanziert von den Erwachsenen und treibt in die Isolation. Wer manipuliert, provoziert Hass und Widerstand des Kindes.

Erziehung ohne Manipulation meint:

– Geleit geben,
– Zuneigung zeigen,
– Freundlichkeit praktizieren,
– Partnerschaft einüben.

Wer manipuliert, *benutzt* den anderen. Er sieht in ihm keinen Partner. Manipulation spielt sich überall da ab, wo Mächtige und Ohnmächtige, Starke und Schwache, Regierende und Regierte, Steuernde und Gesteuerte aufeinander angewiesen sind. Wer manipuliert, strebt nach Macht und nach Überlegenheit. Je mehr Eltern und Erzieher das beabsichtigen, desto erfinderischer werden sie im Manipulieren. Erzieher mit Autorität haben Respekt vor den Kindern. Sie fordern Einhaltung von Spielregeln, aber keine bedingungslose Unterordnung. Und das ist ein entscheidender Unterschied. Sie begegnen den Kindern mit Liebe und Verständnis.

Unsere Konsumgesellschaft ist ein trauriges Beispiel für Manipulation. Sie wird versteckt angewandt. Sie wird indirekt gehandhabt. Die körperliche Machtdurchsetzung ist abgebaut, dafür ist die psychische installiert worden. Die Werbung hat die Psychologie in ihren Dienst gestellt. Die freie Wahl des Menschen wird mit allen Mitteln, mit allen Tricks und Technik untergraben. Die Diktatur der Reklamefachleute und der Terror der Verführung sind grenzenlos.

Frauen kaufen nicht nur Seife, sie kaufen ein Schönheitsmittel. Wir kaufen nicht nur Apfelsinen, wir kaufen Lebenskraft. Wir kaufen nicht nur ein Auto, wir kaufen Ansehen. Das Warenhaus wird zum Märchenpalast. Der Mensch wird zum kindhaft Getriebenen. Die Reklame weckt neue Wünsche. Der Mensch von heute ist ungeübt im Verzicht. Er ist ungeübt, Einsamkeit und Schmerzen zu ertragen. Darum fällt er leicht der Manipulation in der Werbung zum Opfer. Der Mensch wird zum Konsumenten, zum Verbraucher, zum ewigen Säugling gemacht. Die Erziehung zum verantwortungsvollen, mündigen Konsumenten ist eine erzieherische Notwendigkeit.

Widersprüchliche Erziehungsmethoden können psychotische Störungen bei Kindern hervorrufen

Oft sind es zwei Pole, die Eltern unbewusst ihren Kindern demonstrieren: viel Liebe und große Disziplin. Auf der einen Seite sind sie permissiv, sie erlauben viel zu viel, auf der anderen Seite lassen sie ihre autoritären Muskeln spielen. Diese widersprüchliche Erziehung ruft widersprüchliche Denk- und Verhaltensmuster bei Kindern hervor.

Ein kleines Beispiel aus der Seelsorgepraxis mag das verdeutlichen. Da ist eine Mutter, 36 Jahre alt, allein erziehend. Ihr

Mann hat sie verlassen, den sie seitdem hasst. Der Sohn, 5 Jahre alt, sieht dem Vater ähnlich, hat auch ein ähnliches Minenspiel, und das ist der Mutter eine innerliche Anfechtung. Der Sohn sucht viele Kontakte mit der Mutter, die die Mutter aber nicht beantworten kann. Ihre Abweisung ist groß. Auf Schritt und Tritt sieht sie in ihm den verhassten Vater. Auf der anderen Seite verlangt sie aber vom Sohn, dass er herzlich und liebevoll zu ihr sein soll. Der Junge gerät in einen enormen inneren Widerstreit. Er lernt, dass er alles verkehrt macht. Will er die Mutter umarmen, schiebt sie ihn weg. Wenn er nicht herzlich und lieb zu ihr ist, hört er, dass er lieblos und undankbar ist.

Wie wächst der Junge heran?

- Er kann seinen Gefühlen nicht vertrauen.
- Er reagiert mit Misstrauen der Mutter und anderen Menschen gegenüber.
- Er liebt und hasst gleichzeitig.
- Er ist innerlich zerrissen und lebt mit sich im Widerstreit.
- Er kann keine richtige Identität aufbauen.
- Er neigt zur Desorientierung in Beziehungen.
- Er kann keinen richtigen Realitätssinn aufbauen.

Menschen mit Autorität erziehen *einheitlich*. Eine widersprüchliche Einstellung zerreißt die Seele des Kindes. Sie misstrauen sich, den anderen und Gott. Ihnen fehlen die Geradlinigkeit und Gelassenheit. Ihnen fehlen Selbstvertrauen und Vertrauen zum Leben.

Es gibt nicht wenige Menschen, die autoritäre Erzieher gehabt haben. Sie mussten gehorchen, durften nicht widersprechen. Jeder Widerspruch wurde im Keim erstickt. Alle Regungen des Zorns, der Rebellion wurden unterdrückt. Ihnen wurde das Rückgrat gebrochen. Sie gingen und gehen eingeknickt durchs Leben. Sie praktizieren das schöne Sprichwort: „Mit dem Hute in der Hand kommt man durch das ganze Land." Autoritäre Erzieher plädieren uneingeschränkt für das Sprichwort: „Was Hänschen nicht lernt, lernt Hans nimmermehr." Regeln werden eingebläut. Und das ist wörtlich zu verstehen. Unterwürfige haben gelernt, den Mund zu halten. Sie haben sich angewöhnt, angepasst zu leben. Anderen Menschen reden sie nach dem Mund. Mit der Masse stimmen sie artig überein, obschon in ihrem Innern andere Stimmen vorherrschen.

Die Folge ist:

- Sie reden anders, als sie denken.
- Sie verhalten sich anders, als sie fühlen.
- Sie leben nach außen anders als im Innern.

Unterwürfige leben im Widerspruch mit sich. „Wie es da drinnen aussieht, geht niemand was an." Sie hängen ihr Fähnchen nach dem Wind. Im Grunde sind sie verlogen und unwahr. Die meisten wissen es und schweigen. Sie gehen den Weg des geringsten Widerstandes.

Im zwischenmenschlichen Umgang sind sie schwierig und unzuverlässig. Man kann sich auf sie nicht verlassen. Sie passen sich an, um nicht aus der Rolle zu fallen. Sie heulen mit den Wölfen, um nicht unter Druck zu geraten. Es sind willige Untertanen, die gehorchen und stramm stehen. Im Grunde sind es bedauernswerte Menschen. Weil sie zu allem Ja und Amen sagen, lassen sie sich leicht ausbeuten. Von Partnern, Arbeitskollegen, Nachbarn und Chefs werden sie ausgenutzt. Sie ärgern sich schwarz über ihre Dummheit, fallen aber immer wieder auf ihre Unterwürfigkeit herein. In der Seelsorge ist es hilfreich, mit diesen Menschen ein Rollenspiel zu installieren, um die Muster der Unterwürfigkeit zu überwinden. Der Seelsorger kann die Rolle des unterwürfigen Ratsuchenden übernehmen, während der Ratsuchende selbst die Rolle des autoritären Elternteils oder des Chefs übernimmt. Er kennt die Ausdrücke, die Stimmlage und Forderungen autoritärer Menschen genau, um sie mit Leben zu füllen. Der Seelsorger kennt den Ratsuchenden mit seinen Schwächen gut und kann ihm helfen, autoritären Personen hilfreicher und selbstbewusster zu begegnen. Die Tragik ist, dass den meisten Unterwürfigen, die gelernt haben, sich zu beugen, manches einfällt, um den Machtmenschen in ihren Augen selbstbewusst zu begegnen. Ihr Selbstvertrauen ist minimal und ihre Angst, unangenehm aufzufallen, riesengroß. Dem Unterwürfigen wird häufig klar, dass sich hinter autoritären Masken keine Stärke, sondern Schwäche verbirgt. Hat er gelernt, seine Opferhaltung aufzugeben und sich mutig mit autoritären Persönlichkeiten auseinander zu setzen, wächst sein Selbstvertrauen. Seine innere Zerrissenheit verringert sich. Er wird selbstbewusster. Seine Partnerschaftsfähigkeit verbessert sich. Er wird ehrlicher und aufrichtiger. Seine Mitmenschen können sich auf ihn verlassen.

Erzieher mit Autorität überbeschützen nicht

In der Erziehungspraxis heute gibt es eine Reihe schwerer Fehler, die sich nachteilig auf die Kinder auswirken. Eine dieser negativen Praktiken ist die *Überbeschützung*.

Überbeschützung ist ein Prinzip der autoritären Erziehung

- Der Erzieher hält – bewusst oder unbewusst – das Kind klein.
- Der Erzieher macht das Kind unselbständig.
- Der Erzieher denkt und plant zu viel *für* das Kind.
- Der Erzieher traut dem Kind zu wenig zu.

Ich bin überzeugt, dass viele Mütter und Väter das nicht beabsichtigen. Aber die Erfahrung bestätigt sich: Die guten Absichten der Eltern sind Erziehungsfehler. Sie müssen wissen: Gut gemeint ist nicht gut. Wer es gut meint, denkt und plant *für* den anderen, statt *mit* ihm gemeinsam zu planen und zu überlegen. Viele Kinder lassen sich auf das Spiel ein und werden unter der Hand entmündigt. Sie lassen sich führen, passen sich an und werden unselbständig. Werden sie erwachsen, erleben sie sich unsicher. Überbeschützte brauchen im späteren Leben Menschen, auf die sie sich verlassen können. Diese Menschen demonstrieren Entscheidungsschwäche.

Sie suchen Personen,
– die Ratschläge erteilen,
– die Entscheidungen für sie fällen,
– die betreuen und befürsorgen,
– die sie mitreißen und bevormunden.

Überbeschützung ist ein autoritäres Verhaltensmuster. Viele Erzieher wünschen sich selbstständige, verantwortungsbewusste Persönlichkeiten, aber sie praktizieren das Gegenteil.

- Sie *behindern* die Verantwortungsfähigkeit.
- Sie *unterstützen* die Abhängigkeit.
- Sie *untergraben* die Selbstständigkeit und Mündigkeit.

Die Regel lautet: Verwöhnung erzieht Tyrannen; Überbeschützung erzieht unselbstständige und hilflose Menschen.

Folgen einer autoritären Erziehung

Eltern und Kinder spielen perfekt zusammen. Die Verhaltensmuster auf der einen entsprechen den Reaktionsmustern
auf der anderen Seite. Die Erfahrung zeigt:

Autoritär erziehende Eltern haben die aggressivsten Kinder.
Meist sind es bestrafende Eltern, die den Widerstand der
Kinder brechen wollen. Sie sind es gewöhnt, sich die Kinder
gefügig zu machen. Sie wollen bewusst oder unbewusst die
Kinder klein halten. Sie wollen bewusst oder unbewusst den
Kindern Gruppennormen aufdrängen. Die höchste Rate an
aggressiven Kindern kommt aus Familien, in denen sehr
lasch und großzügig erzogen wurde, die Kinder dann aber
härteste Strafen erhielten. Diese Erziehungshaltung ist gefährlich und destruktiv.

Autoritäre Eltern erziehen mehr seelisch gestörte Kinder.
Der autoritäre Erzieher kümmert sich *zu viel* um die Kinder.
Er denkt, plant und handelt für das Kind. Gewollt oder ungewollt macht er es unmündig und hilflos.
Er traut dem Kind zu wenig zu. Er trifft zu viele Entscheidungen.
Über das Kind wird bestimmt. Schulfreunde, der Besuch der
Schule, Mitgliedschaften in Sport- und anderen Gruppen
werden von den Eltern organisiert. Das Kind hat wenig Mitspracherecht, oder dem Kind werden die Vorschläge übergestülpt. Es entwickelt Antriebslosigkeit und Angst. Das Kind

lernt nicht, eigene Entscheidungen zu treffen und Eigeninitiative zu entwickeln. Es fehlt an Lebenstüchtigkeit. Einige klammern die Eltern und verharren in Abhängigkeit und Hörigkeit.

Autorität und Erwachsensein

„Hiermit erkläre ich öffentlich meinen Rücktritt vom Erwachsensein. Ich habe beschlossen, die Bedürfnisse eines Sechsjährigen zu leben. Ich möchte zu einer Zeit zurückkehren, als das Leben einfach war. Ich möchte nicht, dass meine Tage aus Computerabstürzen, Bergen von Akten und deprimierenden Nachrichten bestehen. (…) Ich möchte wieder sechs sein."[4]

Eine Psychologin beschäftigt sich in einer Fachzeitschrift mit dem Erwachsensein und stellt diesen gekürzten, anonymen Bericht eines Mannes im Internet voran. Sie zitiert einen amerikanischen Psychotherapeuten, der beschreibt, dass ihn täglich Menschen in seiner Praxis aufsuchen, die am liebsten alles hinschmeißen würden und nicht erwachsen sein wollen. Diese Menschen ärgern sich über alle, die von ihnen erwachsenes Verhalten verlangen und ihnen damit Schuldgefühle machen.

Ursula Nuber spricht aus, was viele empfinden und sich wünschen: Sie möchten den anderen ihre Probleme überlassen, rausgehen und spielen. Das alles deckt sich mit den Vorstellungen einer Spaß-Gesellschaft. Sie will genießen, aber wenig Verantwortung tragen, sie will Spaß haben und nicht erwachsen sein. Erwachsensein ist viel zu anstrengend. Viele fühlen sich überfordert, denn es fehlt ihnen die Fähigkeit, mit den Anforderungen eines Erwachsenenalters fertig zu werden.

Fachleute meinen, das lineare Modell „Kindheit-Jugend-Erwachsensein" sei ins Schleudern geraten. Es gäbe keine feste Abfolge von Entwicklungsphasen mehr. Das Leben sei komplexer, aber auch chaotischer geworden. Viele spielen Erwachsene, ohne es zu sein. Sie wurschteln sich durchs Leben ohne Ziele und Perspektiven. Die Orientierung ist verloren gegangen. Die Wertevermittlung ist ins Stolpern geraten. Ein amerikanischer Forscher geht hart mit dem unreifen Erwachsenen ins Gericht, wenn er schreibt:

„Für die heutigen Erwachsenen gilt, dass sie existentielle Analphabeten sind. Sie können zwar lesen, aber sie wissen nicht, wie sie die verschiedenen Lebenszyklen meistern können." Ein Curiculum für Erwachsensein gibt es nicht.

Mangelndes Erwachsensein beinhaltet mangelnde Autorität
Zu wirklichem Erwachsensein gehört
- die Fähigkeit zu Selbstvertrauen und Selbstbewusstsein;
- die Fähigkeit, Gefühlen angemessen Ausdruck zu verleihen;
- die Fähigkeit, Dankbarkeit und Anerkennung auszudrücken;
- die Fähigkeit, zwischen Wichtigem und Unwichtigem zu unterscheiden;
- die Fähigkeit, Kritik zu ertragen und Kritik auszusprechen;
- die Fähigkeit, über den Sinn des Lebens zu reflektieren;
- die Fähigkeit, angemessene Lösungen für alle Probleme selbst zu finden;
- die Fähigkeit, zu kooperieren und teamfähig zu sein;
- die Fähigkeit, feste Bindungen einzugehen;
- die Fähigkeit, nein sagen zu können;
- die Fähigkeit, Fehler zu bejahen und dafür einzustehen;
- die Fähigkeit, ohne ständige Manipulation und Machtausübung Kinder zu erziehen;

– die Fähigkeit, sich ohne Anmaßung gleichwertig über Standpunkte auszutauschen,
– die Fähigkeit, Kinder zu fördern, ihr Selbstvertrauen zu stärken und ihre Begabungen zu wecken.

Selbstverständlich bleiben bei allen Erwachsenen Fragen offen. Wer kann schon lückenlos die Reifekriterien eines Erwachsenseins voll erfüllen! Wichtig ist, dass annähernd die wesentlichen Merkmale im Alltag realisiert werden.

Wann wird der Mensch heute erwachsen?

Die alten Entwicklungszahlen stimmen nicht mehr. Die Entwicklungsdaten von früher sind überholt. Erwachsensein hat mit Reife zu tun.

Reife beinhaltet:
- Ich nehme den anderen ernst.
- Ich kann ihm zuhören.
- Ich verstehe die gemeinsamen Lebensaufgaben als gemeinsame Sache.
- Ich kann mich disziplinieren.
- Ich habe Selbstvertrauen und besitze Selbstbewusstsein.
- Ich bin vom Elternhaus abgenabelt.
- Ich kann Verantwortung übernehmen und tragen.
- Ich bin konfliktfähig, partnerschaftsfähig und liebesfähig.
- Ich habe Vertrauen getankt und kann Vertrauen schenken.
- Ich kann meine Ansprüche und Erwartungen beschneiden.
- Ich stimme weitgehend mit mir überein, meine Selbstfindung ist abgeschlossen.

Reife ist ein Prozess. Sie kostet Arbeit, Phantasie, Überwindung und Charakterbildung. Leider wird diese geistige, seelische und soziale Reife durch viele Einflüsse von außen und durch falsche Lebenseinstellung behindert.

Mündigkeit ist etwas anderes als *Erwachsensein*. Mit 18 Jahren wird der Mensch volljährig und damit mündig.

- Er steht nicht mehr unter der elterlichen Sorge.
- Er steht nicht mehr unter einer möglichen Vormundschaft.
- Er besitzt die volle Geschäftsfähigkeit.
- Er kann seinen Wohnsitz selbstständig wählen.
- Die Eltern haben keine Anspruchsrechte mehr.
- Er besitzt das volle Wahlrecht.
- Er besitzt die volle Ehemündigkeit.
- Er ist voll strafmündig geworden.

Die Kriterien sagen nichts über sein wirkliches Erwachsensein aus. Mit 18 Jahren ist der Jugendliche kein Jugendlicher mehr, aber er ist auch noch nicht erwachsen. Die Berufsausbildung ist noch nicht abgeschlossen. Die Familiengründung liegt noch in weiter Ferne. Das Erwachsensein steht noch aus.

Amerikanische Psychologen sprechen inzwischen von einem weiteren Entwicklungsabschnitt, dem so genannten „auftauchenden Erwachsenenalter", dem emerging adulthood. Es wird zwischen 18 und 25 Jahren angesiedelt. Diese eigenständige Entwicklungsphase ist darum bedeutsam, weil die jungen Menschen noch keine klar umrissene soziale Rolle einnehmen. Sie sind zwar vom Elternhaus schon relativ unabhängig, aber Verantwortung, die mit dem Erwachsenenalter verbunden ist, haben sie häufig noch nicht übernommen.

Diese Altersgruppe der 18- bis 25-Jährigen hat sich noch nicht *festgelegt*.

Diese Altersgruppe der 18- bis 25-Jährigen *experimentiert* noch.

Diese Altersgruppe der 18- bis 25-Jährigen braucht auch noch nicht *richtig erwachsen* zu sein.

Es wird auch am Heiratsalter deutlich. 1970 lag das Heiratsalter bei Frauen noch bei 23 Jahren, bei Männern etwa bei 25 Jahren; im Jahre 2000 heirateten Frauen im Durchschnitt mit 25 Jahren und Männer mit ca. 31 Jahren.

Als meine Frau und ich mit 25 Jahren heirateten, hatten wir beide das sichere Gefühl, noch nicht richtig reif und erwachsen zu sein. Wir haben es uns selbst eingestanden, aber laut haben wir es nicht gesagt. Wir waren der festen Meinung, dass Menschen mit 25 Jahren sozial reif und richtig erwachsen zu sein haben.

Kinder sollen ihren Eltern gehorchen

So wird es den Kindern, nicht den Eltern empfohlen. Sollen die Kinder ihren Eltern bedingungslos gehorchen? Nein. Paulus betont eine einschneidende Einschränkung. „Ihr Kinder, seid euren Eltern gehorsam im Herrn" (Epheser 6,1).

Und der amerikanische Seelsorger Jay E. Adams ergänzt diese Stelle so:

„Das heißt, soweit die Eltern sich in den Grenzen der Autorität, die Gott ihnen gegeben hat, bewegen. Es ist also klar, dass sich Gottes Autorität an die biblischen Richtlinien hält, wie sie in seinen Geboten zu finden sind. Seelsorger, die in Gottes Vollmacht handeln, haben keine Autorität aus sich heraus. Sie müssen zwar die Autorität wahrnehmen, die

Gott ihnen gegeben hat, aber sie dürfen ihre von der Bibel gesetzten Grenzen nicht überschreiten und nicht in Gegensatz geraten zu gültiger, gottgegebener Autorität des Staates oder der Eltern." [5]

Viele Eltern überlesen den Hinweis „im Herrn", oder wie Paulus im Vers 4 formuliert: „Ihr Eltern, behandelt eure Kinder nicht ungerecht! Sonst fordert ihr sie nur zum Widerspruch heraus. Eine Erziehung muss vielmehr in Wort und Tat von der Liebe zu Christus bestimmt sein."

Das sind klare Worte. Jede Eigenmächtigkeit wird infrage gestellt. Jede Manipulation und Erpressung, die biblischen Maßstäben widersprechen, werden abgelehnt. Die Liebe zu Christus stellt den Bezugsrahmen dar. In der Beratungspraxis mit Eltern, Kindern und Jugendlichen habe ich immer wieder die Diskrepanz erfahren, die gläubige Eltern realisieren, wenn sie ihren Willen durchsetzen wollen und gegen biblische Prinzipien verstoßen. Sie interpretieren das Gebot des Paulus einseitig. Sie wollen unabhängig von biblischen Regeln bestimmen und herrschen. Hier wird die Autorität der Bibel bewusst oder unbewusst unterlaufen.

Menschen mit Autorität realisieren Werte

Viele Menschen haben vergessen, dass Werte wie Ehrlichkeit, Hilfsbereitschaft und Toleranz für das menschliche Zusammenleben unentbehrlich sind. Das gilt für alle Verantwortlichen in Familie, Schule und Öffentlichkeit.

Der verstorbene Erzbischof Johannes Dyba war der Meinung: „Die Gesellschaft befindet sich in einem Zustand der Degeneration. Zu viele haben sich von den Grundwerten und Grundtugenden verabschiedet."

Das Bielefelder EMNID-Meinungsforschungsinstitut führte

eine Befragung durch. 1200 Personen ab 14 Jahren wurden in Deutschland befragt. Die Auswertung ist repräsentativ für Deutschland. Auf die Frage „Welche Werte sind Ihnen besonders wichtig?" nannten die meisten Befragten gleich mehrere aus einer vorgegebenen Liste, allen voran Aufrichtigkeit (90 %). Hilfsbereitschaft folgte mit 76 % auf Rang zwei, Treue mit 73 % auf dem dritten Platz. Der materialistische Wert „Streben nach Geld" landete abgeschlagen auf dem letzten Platz. Nur 15 % der Deutschen bekennen sich dazu.

Was macht diese Untersuchung deutlich? Wie ist der Widerspruch zwischen Erzbischof Dyba und der EMNID-Umfrage zu verstehen?

- Sehnen sich darum so viele Deutsche nach Ehrlichkeit und Hilfsbereitschaft, weil beide Tugenden unter die Räder gekommen sind?
- Steht das „Streben nach Geld" an letzter Stelle, weil es den meisten inzwischen klar geworden ist, dass materielles Glück nicht den Sinn des Lebens vermittelt und wirkliche Zufriedenheit bedeutet?
- Wie konnte das Buch von Ulrich Wickert „Der Ehrliche ist der Dumme" lange Zeit die Bestsellerlisten füllen? Hat nicht doch ein gewaltiger Wertewandel stattgefunden? Sprechen viele Deutsche nicht „Wünsche" aus, die leider der Wirklichkeit nicht entsprechen?

Bürgerlich-konservative Werte wie
– Mäßigkeit und Sparsamkeit,
– Disziplin und Demut,
– Gehorsam und Ordnungsliebe,
– Zuverlässigkeit und Fügsamkeit,
– Tapferkeit und Bescheidenheit,
– Aufrichtigkeit und Loyalität
haben im Allgemeinen an Bedeutung eingebüßt. Neue Werte

schälen sich heraus. Veränderte Wertmaßstäbe gewinnen die Oberhand.

Haben progressive Sozialwissenschaftler Recht, die den gegenwärtigen Wertewandel für erforderlich und hilfreich halten? Sie sehen im Wertewandel die Verwirklichung neuer Wertmaßstäbe. Sie begrüßen:
– Pluralität und Spontaneität,
– Individualität und Selbstverwirklichung,
– Synkretismus und Eklektizismus,
– Hedonismus und Genuss.

Dieser Wertewandel setzte besonders in den 60er Jahren ein. Ein kulturrevolutionärer Wertewandlungsschub reichte bis in die Mitte der 70er Jahre. Die Worte „repressionsfrei" und „Emanzipation" machten die Runde. Die notwendige Autoritat wurde kommentarlos mit Autoritarismus gleichge setzt und verurteilt. Die so genannte „sexuelle Revolution", die in den genannten Jahrzehnten forciert wurde, hatte zur Folge,
– dass Eheschließungen rapide abnahmen,
– dass die Scheidungszahlen sich verdoppelten,
– dass die Bindungsfähigkeit sich enorm verringerte,
– dass die Liebesfähigkeit sich mehr und mehr reduzierte.

Mit starken Worten beschreibt ein Schulleiter, was unserem Land Not tut:
„Die Orientierungslosigkeit ist groß. Eine Identitätskrise und ein damit einhergehender Werteverfall, ein Kultur- und Traditionsbruch sind die negativen Markenzeichen des wieder vereinigten Deutschlands. (...) Der Mensch ist darauf angelegt, Orientierung von außen zu erhalten. Hierbei helfen christliche Tugenden, die ihm Halt geben. (...) Gerade

jetzt ist freilich eine Renaissance preußischer Tugenden angesagt. Preußen – das waren nicht etwa in erster Linie Kadavergehorsam und Kasernenhofdrill. Dieser Wert steht vielmehr für weltanschauliche Toleranz, Rechtsstaatlichkeit, Sparsamkeit, Fleiß, Leistungsbereitschaft, Disziplin, Pünktlichkeit, Pflichterfüllung und Dienst am Gemeinwesen. Deshalb brauchen wir Meinungsführer in Politik, Wirtschaft und Kirche, die mit einer Anleihe aus dem preußisch-protestantischen Tugendkatalog die Möglichkeit nutzen wollen, unser Land wieder auf Vordermann zu bringen." [6]

Ein Schulleiter als Führungskraft bringt es auf den Punkt, was Not tut. Die Orientierungslosigkeit ist groß. Wenn sich die Mehrzahl der Deutschen nach Ehrlichkeit und Hilfsbereitschaft sehnt und wenn Mütter, Väter und die Familien im Denken der Deutschen einen hohen Stellenwert haben, dann verraten entsprechende Umfragen allerdings, dass eben genau diese Tugenden und Instanzen fehlen oder krank sind.

Menschen mit Autorität leben von der Autorität Gottes

Ganz gleich, ob es sich um Kinder, Partner, Gemeindeglieder oder Mitarbeiter handelt, wer Autorität hat, nimmt den Mitmenschen ernst. Mitarbeiter und Untergebene sind keine Ware. Der Mitmensch ist der Nächste. Und Nächstenliebe ist ein Kennzeichen wahrer Autorität. Die Interessen des Gegenübers, seine Bedürfnisse und seine Sorgen werden respektiert.

Menschen mit autoritären Zügen denken in erster Linie an Profit und an Gewinnmaximierung. Sie sehen ihre Ziele und nicht ihre Mitarbeiter, ihre Partner und Kinder. Sie sehen ihre Interessen und nicht die Zufriedenheit der Angehörigen. Sie wollen sich durchsetzen, oft auf dem Rücken der anderen.

Menschen mit Autorität geben ihrem Herrn Rechenschaft. Ihnen ist es verwehrt, selbstherrlich und selbstsüchtig zu handeln. Menschen mit Autorität sind der Liebe verpflichtet. Diese Liebe sieht, hört und respektiert den anderen, so wie Paulus es im 1. Korinther 13 formuliert:

„Wer liebt, ist geduldig, gütig. Wer liebt, der eifert sich nicht, er prahlt nicht und spielt sich nicht auf. Wer liebt, der verhält sich nicht taktlos, er sucht nicht den eigenen Vorteil und lässt sich nicht zum Zorn erregen. Wer liebt, der trägt keinem etwas nach; es freut ihn nicht, wenn einer Fehler macht, sondern wenn er das Rechte tut" (1. Korinther 13,4-6).

Diese Autorität und Liebe haben wir nicht aus uns selbst. Wir können sie uns nicht mit Disziplin und Selbstkontrolle abzwingen. Sie sind Geschenke unseres Herrn. Darum ist auch wahre Autorität keine selbst produzierte Tugend. Sie kennzeichnet Menschen, die sich Gottes Liebe, der *agape*, aussetzen.

Liebe ist das größte Charisma, das Gott den Menschen schenken kann. Diese Gabe verändert Menschen. Sie macht gerecht, geduldig und gütig. Diese Liebe verleitet nicht, sich aufzuspielen bzw. anzugeben und große Töne zu spucken. Autoritäre Verhaltens- und Einstellungsmuster haben mit wahrer Liebe und wahrer Autorität nichts zu schaffen.

Es bleibt dabei: Menschen, die die Autorität Gottes ohne Einschränkung bejahen, spiegeln erkennbar die wahren Elemente konstruktiver Autorität in zwischenmenschlichen Beziehungen wider.

Solche Menschen sind *positive Erzieher*.

Solche Menschen sind *liebenswerte Partner*.

Solche Menschen sind *geachtete Vorgesetzte*.

Solche Menschen sind *respektvolle Lehrer.*
Solche Menschen sind *anerkannte Vorbilder.*

„Mut zur Erziehung" heißt ...

Ein Selbsterforschungsfragebogen

	praktiziere ich	praktiziere ich nicht
Mut zur Autorität		
Mut zu Normen und Regeln		
Mut zur Konsequenz		
Mut zur Entschiedenheit		
Mut zur Stellungnahme		
Mut zu mehr elterlicher Präsenz		
Mut Grenzen zu setzen		
Mut zur Ehrlichkeit		
Mut zur Verantwortung		
Mut zur Gleichwertigkeit		
Mut zur Festigkeit		
Mut zur Selbstachtung		
Mut zum Zeugnis, nicht zur Moralpredigt		

Hinweise für den Fragebogen

1. Füllen Sie den Bogen als Vater oder Mutter unabhängig vom Partner aus.

2. Unterhalten Sie sich als Eltern über Ihre Erziehungspraktiken.
- Wo stimmen Sie überein?
- Wo stimmen Sie nicht überein?
- Können Sie sich auf ein gemeinsames Erziehungsziel einigen?

3. Welche Erziehungsgrundsätze machen Ihnen die größten Schwierigkeiten? Was glauben Sie, woran es liegt?

4. Nehmen Sie nur einen Erziehungsaspekt gemeinsam in Arbeit. Welcher ist Ihnen am wichtigsten?

5. Machen die familiären Beziehungen es notwendig, sich mit einem Fach-Seelsorger in Verbindung zu setzen, um Ihr Erziehungsverhalten zu überprüfen?

Literaturhinweise

Kapitel 3: Autorität und Autorität Gottes

[1] Aus: Entscheidung, 1/2001, S. 5
[2] Ulrich Beer, Jugend braucht Autorität, Friedrich Bahn Verlag im Aussaat Verlag, Neukirchen-Vluyn 1995, S. 30
[3] Ulrich Beer, a. a. O., S. 34
[4] Evangelischer Erwachsenenkatechismus, Gütersloher Verlagshaus 1975, 2. Aufl., S. 1007
[5] Siegfried Kettling, Typisch evangelisch, Brunnen Verlag/R. Brockhaus Verlag, Gießen/Basel 1993, 4. Aufl., S. 95

Kapitel 4: Die Sucht, für andere verantwortlich zu sein

[1] Hemfeld/Minirth/Meier, Mut zur Liebe, Schulte u. Gerth, 7. Auflage, Asslar 2000, S. 13

Kapitel 5: Menschen mit Autorität – 12 Einstellungsmuster

[1] Virginia Satir, Familienbehandlung, Lambertus Verlag, Freiburg 1973, S. 115 ff.
[2] Anselm Grün, 50 Engel für die Seele, Herder Verlag, Freiburg 2001, 3. Aufl., S. 153
[3] Friso Melzer, Das Wort in den Wörtern, J. C. B. Mohr (Paul Siebeck), Tübingen 1965, S. 326

Kapitel 7: Autorität und Führung in der Wirtschaft

[1] Phil Bosmans, Leben jeden Tag, Herder Verlag, Freiburg/Basel/Wien 2000, 3. Aufl., S. 230
[2] Peter May, Wie der Chef, so die Mannschaft, in: Welt am Sonntag, 16/2001, S. 59

[3] Philip Zimbardo, Schüchterne sind das Rohmaterial für jede autoritäre oder faschistische Politik, in: Heiko Ernst (Hrsg.), Der innere Kosmos, Heyne Verlag, München 1994, 133 f.

[4] Philip Zimbardo, a. a. O., S. 138

[5] Friedrich Schock, Management by Faith and Vision, in: Was morgen zählt, M. L. Landmesser/J. Sczepan (Hrsg.), Hänssler Verlag, Neuhausen/Stuttgart 1996, S. 56

[6] Blanchard/Hybels/Hodger, Das Jesus-Prinzip, Projektion J. Verlag, Gerth Medien, Asslar 2000, S. 143

[7] Thomas Gordon, Manager-Konferenz, Heyne Verlag, München 1991, 5. Aufl., S. 190

[8] Siegfried H. Buchholz, Liebe ist die wichtigste Führungsfähigkeit, in: Entscheidung, 1/2001, S. 23

[9] Blanchard/Hybels/Hodger, a. a. O., S. 9

[10] Blanchard/ Hybels/Hodger, a. a. O., S. 147

[11] Klaus Eickhoff, Schafft das Pfarramt ab!, in: Aufatmen, 1/2000, S. 76 f.

[12] Klaus Eickhoff, a. a. O., S. 77

Kapitel 8: Autorität in der Erziehungspraxis

[1] Wilhelm Faix, Familie im Wandel, in: Weißes Kreuz, 1/2001, S. 7

[2] Was macht nicht glücklich?, in: Idea-spektrum, 47/1999, S. 17

[3] Anselm Grün, 50 Engel für die Seele, Freiburg/Basel/Wien 2001, 3. Aufl., S. 136

[4] Ursula Nuber, Die schwierige Kunst, ein Erwachsener zu sein, in: Psychologie heute, 4/2001, S. 20

[5] Jay E. Adams, Handbuch der Seelsorge, Brunnen Verlag, Gießen/Basel 1976, S. 18

[6] Heiner Hofsommer, Liebe Leser, Idea-spektrum, 37/1997 (Leitartikel)

Typen und Temperamente

Reinhold Ruthe
Typen und Temperamente
Die vier Persönlichkeits-
strukturen
Taschenbuch
168 Seiten
ISBN 3-87067-725-2

Wer sind Sie? Was ist Ihr Selbstbild? Kennen
Sie den Schlüssel zu den wesentlichen
Eigenarten Ihrer Persönlichkeit?

Jeder Mensch ist einmalig, einzigartig und
spiegelt doch zugleich auch einen bestimmten Typ und damit eine bestimmte
Persönlichkeitsstruktur wider.

Dieses Buch hilft, Stärken und Schwächen
zu entdecken, Gaben und Fähigkeiten zu
durchschauen. Ein ausführlicher Testteil mit
160 Fragen verhilft zu einem eigenen
Persönlichkeitsprofil.

Brendow.
VERLAG + MEDIEN